50 ascensions...

50 ascensions

à revivre en 5 minutes

50 ascensions...

Arnaud PALANCADE

50 ascensions

à revivre en 5 minutes

50 ascensions...

Édition : BoD - Books on Demand,
12/14 rond-point des Champs-Élysées, 75008 Paris, France
Impression : BoD - Books on Demand, Norderstedt, Allemagne
ISBN : 978-2-322-16260-4
Dépôt légal : septembre 2018

Arnaud PALANCADE

L'auteur est journaliste spécialisé et alpiniste amateur. Après dix ans à travailler dans une grande société du CAC 40, il quitte Paris pour s'installer en montagne et y mener plusieurs projets entrepreneuriaux mêlant culture et sommets. Il est le fondateur du webmagazine d'actualité de montagne Altitude.

« Grimpez si vous le voulez, mais n'oubliez jamais que le courage et la force ne sont rien sans prudence, et qu'un seul moment de négligence peut détruire une vie entière de bonheur. »
Edward Whymper (1840 - 1911)

50 ascensions...

AVANT-PROPOS A L'ATTENTION
DU NEOPHYTE

Cet ouvrage s'adresse à toutes celles et tous ceux qui veulent découvrir la riche et discrète histoire de l'alpinisme, facilement. De nos jours, le grand public n'entend parler de la montagne qu'à l'occasion de terribles catastrophes, d'imprudences fatales ou de tentatives mortelles. Pour beaucoup, c'est l'unique opportunité d'en apprendre un peu sur ce monde si particulier. Par un tout petit bout de la lorgnette qui, hélas, ne donne pas vraiment la dimension du sujet en question. Pourtant, une littérature prolixe existe, depuis les écrits d'Horace Benedict de Saussure jusqu'aux récits d'ascensions plus récents. Mais cette matière est souvent réservée aux connaisseurs. Jargon, termes techniques, références historiques... si le lecteur n'a pas les bonnes bases, il peut vite abdiquer face à cet univers qui ne lui est pas encore familier, aussi curieux soit-il.

Cet ouvrage est là pour vous aider à prendre pied sur la montagne. Dans chaque chapitre, un événement majeur de l'histoire de l'alpinisme est résumé, en quelques pages seulement, tel un article de presse facile et rapide à lire. Bien souvent, cet événement a – à son époque – fait couler beaucoup d'encre : plusieurs livres, des articles de presse, pour les plus récents des émissions de télévision, de radio, des posts sur les réseaux sociaux. Toute cette histoire est résumée en quelques pages, occasion d'en apprendre un peu plus sur une montagne qui plus qu'un décor, est un personnage à part entière de l'aventure.

***

Depuis le XVIIIème siècle, les alpinistes parcourent la planète en quête d'aventure, de beauté, de solitude, d'adrénaline, de joie. A leur retour dans la vallée, ils racontent leurs exploits à ceux qui ne s'aventurent pas si haut, pas si loin. Des histoires de courage, de force, de patience, de peur, de découverte de soi, de mensonges parfois. Des prouesses, des drames, des grandes joies et des périls immenses. Tous les ingrédients sont réunis pour faire vibrer le lecteur.

Prenez une cinquantaine de montagnes en guise de cadres grandioses. Ajoutez-y un ou plusieurs personnages, parfois des héros envahissants à l'égo surdimensionné, souvent des grimpeurs discrets. Saupoudrez d'une dose de recul historique et vous obtiendrez les pages qui suivent.

Ces petits récits esquissent l'histoire de ces montagnes et de quelques-uns de leurs conquérants. Il ne s'agit certainement pas d'une vision exhaustive de l'alpinisme, de ses réussites et de ses échecs, mais un aperçu de quelques moments forts de près de deux siècles et demi d'une discipline très discrète. A survoler cet ouvrage, on pensera que toutes ces histoires sont les mêmes. Qu'il s'agit surtout de quelqu'un qui grimpe sur une montagne en quête d'on ne sait pas bien quoi. Il y arrive parfois, il rate de temps à autre et souvent à la faveur d'une météo qui se dégrade, l'histoire d'aventure heureuse se change en tragédie. Pourtant, à y regarder de plus près, chacune de ces histoires est différente, unique. Car la montagne change, au fil des époques et d'une saison à l'autre, parfois d'heure en heure. Les hommes et les femmes aussi. Les techniques également.

Nombreux sont les récits qui se recoupent tant l'histoire de l'alpinisme est faite de coïncidences, de hasards heureux ou malheureux, et porte en elle une intensité dramatique difficile à trouver dans une autre pratique sportive. Et pour cause, cette discipline est bien plus qu'un sport. Certains n'auront pas peur de parler d'art. René Daumal, alpiniste et écrivain à ses heures, parlait de « l'art de parcourir les montagnes en affrontant les plus grands dangers avec la plus grande prudence » pour désigner l'alpinisme. Certains protagonistes de cet ouvrage vous sembleront à l'opposé de la prudence, mais ne les jugeons pas trop vite, la montagne demeure un espace de liberté.

Le lecteur fera évidemment le plein de frissons. Des pouvoirs maléfiques des sommets à la fin du XVIIIème, aux avalanches glacées qui dévalent les pentes, en passant par les attaques insidieuses du Mal des Montagnes, ou les petites erreurs aux conséquences fâcheuses : ces petites inattentions qui transforment le rêve en cauchemar.

Dans un premier temps, vous traverserez l'époque des pionniers. Celle des paysans devenus guides, des bourgeois transformés en alpinistes et en explorateurs. Cette époque des grandes premières et des explorations lointaines est le ciment d'une discipline qui n'a cessé de progresser. Dans une deuxième partie, les décennies d'après-guerre vous offriront leur lot d'aventures avec notamment le boom des succès himalayens et le développement de l'escalade artificielle. Enfin, la troisième partie se rapprochera de nous et de héros plus contemporains. Ces femmes et ces hommes qui cherchent à aller toujours plus loin, toujours plus haut, toujours plus vite.

Tout au long de ces pages, des petits renvois vous permettront une lecture non linéaire. Si une montagne ou un grimpeur évoqués sur une page vous intéressent, vous pouvez – grâce au pictogramme 📖 – trouver immédiatement un autre chapitre permettant de continuer votre découverte. En fin d'ouvrage, un glossaire permettra aux non-initiés de mieux comprendre certains vocables. Si vous butez sur un terme technique, reportez-vous vite à cette partie, une définition vous y attend sûrement !

50 ascensions...

SOMMAIRE

50 ascensions...

50 ASCENSIONS

« Nous reviendrons avec ou
sans le sommet mais avec
une histoire à raconter. »
Simone Moro (1967 -)

50 ascensions...

Pionniers, âge d'or, explorations et grandes premières en faces nord

L'histoire commença véritablement à la fin du XVIIIème siècle quand des scientifiques s'intéressèrent aux montagnes. L'une des plus majestueuses du monde connu suscita alors un vif intérêt : le Mont Blanc. Il fallut ensuite attendre près d'un siècle avant que des explorations ne soient menées en quête de sommets lointains. Entre temps, rares furent les voies normales restées vierges dans les Alpes. Les alpinistes commencèrent alors à s'intéresser à des itinéraires plus compliqués, et notamment aux célèbres faces nord.

1. Michel Paccard et Jacques Balmat au Mont Blanc
les premiers hommes - 1786

L'épopée homérique des premiers hommes au sommet du Mont Blanc. Pionniers de la discipline, ils ont contribué à forger la renommée de Chamonix, capitale mondiale de l'alpinisme.
⊙ Massif du Mont Blanc, France

Au milieu du XVIIIème siècle, Chamonix[1] est loin d'être la destination touristique qu'elle est aujourd'hui devenue. Rares sont les « étrangers » à s'y être aventurés. Les premiers visiteurs sont probablement un groupe d'Anglais qui découvrent les lieux en 1741. Quelques années plus tard, le scientifique genevois Horace Benedict de Saussure s'intéresse à son tour à cette contrée. Il n'a alors que vingt ans mais il se passionne dans l'instant pour les montagnes entourant le village. En s'aventurant du côté du Brévent, il s'offre une vue sur le Mont Blanc qui reste gravée dans son esprit. Il est fasciné par cette montagne majestueuse, couverte de glaciers. Cette ligne si pure qui descend du sommet, rebondit sur le Dôme du Goûter et chute vers la vallée, à grand renfort de séracs tourmentés. Il fait alors coller des affiches dans les principales paroisses de la vallée, annonçant une récompense généreuse à qui trouverait la voie menant au sommet.

Plusieurs tentatives ont lieu pendant les vingt années suivantes, sans succès. Rien de bien sérieux du reste. Il faut dire que les habitants de

---

[1] A cette époque, Chamonix est en fait « Chamouni ».

Chamonix n'ont pas très envie de s'aventurer sur les pentes de cette montagne sur laquelle légendes et malédictions vont bon train. Certains villageois sont tout de même plus intrépides. Un homme, né quelques années après la première incursion de Saussure dans la vallée de l'Arve, est de ceux-là. Cet homme, c'est Jacques Balmat. Fils d'une famille relativement aisée, il quitte dès qu'il le peut les champs de son père pour aller en montagne. Entre chasse aux chamois et quête de cristaux, il n'a pas vingt ans qu'il connaît déjà le massif comme sa poche.

En 1786, il part en solitaire vers le sommet du Mont Blanc. En son absence, cinq autres « paysans-guides » s'entendent pour monter ensemble. Balmat l'apprend en redescendant et remonte aussitôt pour les rejoindre. Le groupe s'est partagé sur deux itinéraires mais se rassemble au niveau de l'Aiguille du Goûter, ils intègrent alors Balmat pour la suite de l'ascension. La fin de la journée approche et ils se dirigent péniblement vers l'arête des Bosses. L'itinéraire semble trop périlleux aux Chamoniards qui finissent par faire demi-tour. Seul Balmat persiste. Il passe alors la nuit en altitude, sans couverture, par des températures négatives. Le lendemain, il croit trouver un itinéraire pour aller au sommet mais le froid, la fatigue et la faim lui font faire machine arrière.

De retour dans la vallée, il n'a qu'une idée en tête. Remonter et finir cette ascension ! Pas question pour autant d'en parler à n'importe qui, il ne veut pas se faire doubler. Il s'en ouvre finalement à un homme de confiance, le docteur Michel Paccard. Médecin de la famille, il est fréquemment chez eux pour soigner Judith, leur dernière fille, née quelques jours plus tôt. Paccard, en scientifique passionné, rêve de grimper au sommet du Mont Blanc pour y réaliser des expériences. Dans les années précédentes, il a tenté sa chance sur les pentes de la montagne, en vain. Quand Balmat évoque avec lui l'ascension, il n'hésite pas bien longtemps. Dans la plus grande discrétion, ils préparent alors leur course en montagne.

Au matin du 7 août 1786, ils partent tous les deux par des sentiers différents, pour n'éveiller aucun soupçon. Après une nuit de bivouac, ils atteignent le premier glacier, et continuent leur route en direction des Rochers Rouges[2].

Au même moment, le village de Chamonix s'agite. Le temps dégagé permet de suivre l'ascension à la lunette. Les habitants assistent alors à un spectacle unique. Dans la vallée, la chaleur estivale est douce mais à plus de 4.000 mètres, le vent froid rend la dernière partie de la montée particulièrement éprouvante. Les deux hommes ne s'en laissent pas compter, ils luttent contre le vent, le froid. L'altitude leur coupe le souffle mais ils ne découragent pas. Vers 16h, ils sont enfin au sommet.

Mais le jour est déjà bien avancé, pas le temps de rêvasser, il faut penser à redescendre. Ils parviennent à leur bivouac de la nuit précédente et s'endorment, exténués mais enivrés par leur succès du jour. Au réveil, Paccard est aveugle. La forte réverbération de la veille conjuguée à l'absence de lunettes de soleil a épuisé les yeux du médecin. Cette ophtalmie passagère rend la fin de la descente très délicate.

Arrivés à Chamonix, ils sont dignement félicités et Saussure est mis au courant. Mais la fête a un goût amer. En leur absence, la petite Judith est décédée.

L'été suivant, Saussure renouvellera cette ascension, avec une équipe de 18 porteurs, guidé par... Jacques Balmat ! Ce dernier continuera d'accompagner des alpinistes dans le massif du Mont Blanc, et à chercher des cristaux jusqu'à ses 72 ans. La rumeur d'un filon d'or quelque part dans la vallée de Sixt lui fera tourner la tête. Une chute de plusieurs dizaines de mètres dans un gouffre rocailleux aura raison du premier guide de haute montagne de l'histoire.

---

[2] Cet itinéraire, assez dangereux, n'est quasiment plus utilisé de nos jours. Cette voie dite « par la montagne de la Côte » est aujourd'hui appelée Voie des Grands Mulets et passe par le Refuge éponyme, construit en 1853.

2. Joseph Hamel au Mont Blanc
la science au sommet – 1820

Première ascension du Mont Blanc qui tourne mal, l'aventure de Joseph Hamel a laissé un goût amer dans la vallée de Chamonix mais a fait avancer la professionnalisation du métier de guide. ☉ Massif du Mont Blanc, France

Né en Russie quelques mois après la conquête du toit de l'Europe, Joseph Hamel est un éminent membre de l'Académie de Médecine, nommé par Alexandre Ier. Il correspond régulièrement avec des proches d'Horace Benedict de Saussure[3] et se met en tête d'aller conduire toute une série d'expériences dans le massif du Mont Blanc.

En 1819, Joseph Zumstein, venu du Val d'Aoste, fait l'ascension du Mont Rose, en Suisse. Il décrète que ce sommet est manifestement plus haut que le Mont Blanc, réduisant à néant l'exploit réalisé par Saussure quelques décennies plus tôt. Alors quand Hamel réfléchit à grimper à son tour au sommet du Mont Blanc pour y réaliser des mesures, les scientifiques genevois l'y encouragent. Occasion pour eux d'accompagner la production de nouvelles preuves quant à leur conquête du « véritable » sommet le plus haut des Alpes quelques décennies auparavant.

---

[3] Notamment le scientifique genevois Marc-Auguste Pictet. *Voir Chapitre 1* 📖 *Michel Paccard et Jacques Balmat au Mont Blanc.*

En 1820, Joseph Hamel arrive donc dans les Alpes où il réalise une première tentative au départ de Saint Gervais. Epaulé par une petite équipe de guides, il parvient au Dôme du Goûter mais redescend, exténué, persuadé qu'il n'aura jamais la force de parvenir au sommet. Pour autant, il n'abandonne pas son projet. Il trouve plutôt des partenaires, enrôlant deux autres scientifiques motivés par les écrits de Saussure. Bourdet apporte sa contribution en géologie et minéralogie et Selligue en physique. Hamel compte bien se focaliser sur sa partie : la physiologie. Le 16 août, un groupe de guides chamoniards embauchés pour l'occasion se met en branle en direction du Mont Blanc, avec eux Selligue et Hamel. Bourdet manque à l'appel, il a été retenu à Genève et arrive à Chamonix avec quelques jours de retard.

Ce dernier trouve deux guides qui veulent bien l'accompagner pour rejoindre le reste du groupe. En montant le 20 août, il croise Selligue qui jette l'éponge. Le physicien redescend, malade, pendant que le reste de la troupe reprend sa montée, après plusieurs jours d'attente à cause du mauvais temps. Pas moins d'une douzaine de guides a été sollicitée pour acheminer vers le sommet le Docteur Hamel et son matériel. De quoi mesurer la teneur de l'air en gaz carbonique, un réchaud pour expérimenter la cuisson en altitude, un appareil photo, une machine pour mesurer le taux d'humidité ou la température. Une bonne partie de cet équipement a d'ailleurs été fourni par les proches de Saussure.

Le temps n'est pas favorable mais qu'à cela ne tienne, Hamel ne patiente plus. Le guide-chef, Joseph-Marie Couttet, annonce à son client qu'il est impossible de continuer et qu'il faut redescendre. Hamel ne l'entend pas de cette oreille. Il exige que l'on continue. A l'époque, un client est un client, difficile de s'y opposer. La caravane se remet alors en route. Quittant un campement de fortune installé sur un petit plateau aux Grands Mulets.

Les guides ouvrent alors la voie, laissant les clients à l'arrière. Au-dessus du Grand Plateau, la neige accumulée les deux derniers jours fait preuve d'une tragique instabilité. Elle semble dure mais ce ne sont que quelques centimètres de surface, au-dessous la couche n'est pas fixée. Les

Chamoniards sentaient bien qu'il ne fallait pas monter. La neige se met à glisser, les guides avec, les clients aussi. L'avalanche les amène une centaine de mètres plus bas dans une zone très crevassée. Mathieu Balmat, un des guides, est le seul à avoir résisté au passage de la coulée. Un temps, il pense être le seul rescapé de ce terrible événement. Mais les clients sont restés en surface et se relèvent assez vite. Les autres ont disparu dans des crevasses.

Quelques guides arrivent à ressortir par leurs propres moyens, à commencer par Couttet, mais tous n'ont pas cette chance. Trois d'entre eux sont ensevelis sous une cinquantaine de mètres de neige accumulée suite à l'avalanche. Plusieurs heures durant, le guide-chef va sonder la neige pour tenter de retrouver ses amis. En vain. Au bout du compte, il se tourne vers le Docteur Hamel et lui demande si après ce qui vient de se passer il souhaite toujours continuer vers le sommet.

Le client demande alors à redescendre jusqu'à Chamonix. Ils y parviennent en début de nuit, après avoir croisé Bourdet qui montait à leur rencontre. Pierre Carrier, Pierre Balmat et Auguste Tairraz ne sont jamais revenus de cette course, la crevasse les a gardés pour elle. C'est le premier accident mortel sur une voie d'ascension au Mont Blanc. Le lendemain, Hamel est envolé, rentré à Genève. Il ne reviendra jamais plus à Chamonix, du reste il n'y eut pas été le bienvenu.

Les difficultés rencontrées par les guides pour faire entendre raison à leur client étaient l'une des causes de cet accident. Les Chamoniards décideront alors de s'organiser pour que les guides soient plus forts, et leurs familles mieux protégées en cas d'accident. C'est ainsi que le conseil municipal de Chamonix entérinera en juillet de l'année suivante la création de la Compagnie des Guides de Chamonix. Elle sera alors la première compagnie de guides au monde. Le Val d'Aoste atteindra presque 30 ans de plus pour mettre sur pied la Société des Guides Alpins de Courmayeur.

Quarante ans après l'accident, le glacier des Bossons commencera à restituer les premiers vestiges de cette catastrophe.

3. Henriette d'Angeville au Mont Blanc
la première femme – 1838

Les hommes ne sont pas les seuls à s'intéresser aux montagnes. Une première femme va se lancer vers le Mont Blanc. Arrivera-t-elle au sommet par « ses propres moyens » ?
⊙ Massif du Mont Blanc, France

De son enfance passée au château de Lompnes, dans le massif du Jura, Henriette d'Angeville se souvient des balades sur les hauteurs du village et de la vue, qui hélas ne porte pas vraiment jusqu'au lointain Mont Blanc. Pourtant, elle l'imagine bien volontiers. Adulte, elle s'installe à Genève et vient de temps en temps dans les montagnes. Quelques semaines de vacances dans les vallées de Chamonix et des Contamines-Montjoie font murir son projet, à 44 ans. En grimpant au sommet du Mont Joli, face au Massif du Mont Blanc, sa vitalité la confirme dans son idée. Elle veut aller sur le toit de l'Europe. Mais pas comme Marie Paradis qui avait atteint la cime de la montagne près de trente ans plus tôt. Elle ne compte pas se faire porter, mais réussir son objectif par ses propres moyens. Tout le monde la croit folle mais elle persiste et revient à Chamonix en septembre 1838.

Elle constitue vite son équipe de guides, sous la direction de Joseph-Marie Couttet[4]. Le départ est fixé au dimanche suivant pour peu que le curé accepte que les guides manquent la messe. Mais partir un

---

[4] Le même que dans l'aventure de Joseph Hamel : *Voir Chapitre 2* 📖 *Joseph Hamel au Mont Blanc*.

dimanche est-il vraiment une bonne idée ? Et surtout pour accompagner une femme ? Certains guides ne cachent pas leur désapprobation et deux d'entre eux finissent par être remplacés. Ces tergiversations ont fait perdre une journée, le départ est donc reporté au lundi matin. Plus de risque de rater la messe dominicale.

A quatre heures du matin, le guide-chef se présente à l'hôtel d'Henriette. Six guides, plusieurs porteurs et un muletier s'ajoutent alors à la cliente, en route vers le Mont Blanc. Avant de partir, ils s'attablent pour un bon repas : de quoi se donner un peu de courage pour les journées à venir. Habillée comme un homme, Henriette détonne dans les rues de Chamonix où le pantalon n'est pas encore un attribut féminin. Malgré cet effort vestimentaire, le contenu de ses affaires est un peu inadapté : de l'eau de Cologne, des éventails, un oreiller, une gourde de lait d'amande, une autre de limonade et bien sûr un miroir !

Au bout de quelques heures, première pause pour un copieux déjeuner sur le pouce. Un gigot plus tard, ce sont les premiers pas sur le glacier. Angeville fait bonne impression et gagne peu à peu la confiance de sa troupe. Même si elle donne le change face à ses guides, elle découvre avec crainte les premières crevasses mais, bien encordée, elle ne s'en laisse pas compter et suit le rythme sans poser problème.

La nuit s'organise à la belle étoile aux Grands Mulets. Henriette tarde à s'endormir, observant la vallée scintillant au clair de Lune. Le lendemain, la caravane s'ébranle pour repartir vers le Dôme du Goûter aux premières lueurs du jour. Pour faire face au froid et aux puissants rayons du soleil, Henriette s'enduit le visage de pommade de concombre, un onguent protecteur largement utilisé depuis le XVIIIème siècle. Elle essaie même d'enfiler un petit masque de satin mais l'inconfort le lui fait bien vite retirer. A l'approche du Grand Plateau, elle met le pied dans une crevasse mais est vite remise d'aplomb par ses guides. Plus de peur que de mal.

La fatigue commence à se faire sentir à mesure que la cordée chemine vers le sommet. La cliente obtient même de pouvoir faire une courte sieste, appuyée contre l'un de ses guides, pour se requinquer un peu.

Quelques hommes commencent aussi à accuser le coup. L'altitude fait ses ravages : courbatures, vomissements, maux de tête. Mais impossible de se plaindre, si une femme continue, ils ne vont pas s'arrêter. Hors de question. Henriette d'Angeville peine dans la dernière partie de la montée. Il lui semble qu'elle va s'endormir en permanence. La proposition d'un des guides de la porter lui donne un coup de fouet. Elle ira au bout ! A la mi-journée, elle arrive enfin au sommet. Un pigeon prêté par le curé de Chamonix est alors lâché. Il vole porter la bonne nouvelle sur la place du village !

Le pigeon n'arrivera jamais à destination mais la cordée du jour repartira dans la descente. Au retour à Chamonix, Henriette sera félicitée. On raconte que Marie Paradis elle-même viendra la saluer. L'ascension se sera parfaitement déroulée et la cliente rentrera à Genève heureuse. Elle continuera ses ascensions dans les Alpes bien après ses 60 ans.

4. Edward Whymper au Cervin
la fin de l'âge d'or - 1865

Au XIXème siècle, les Britanniques sont nombreux à s'intéresser aux plus grands sommets des Alpes. C'est le cas de l'un des plus connus d'entre eux, Whymper, qui s'attaque au majestueux Cervin.
⊙ Valais, Suisse

Entre 1855 et 1865, des dizaines de sommets des Alpes sont conquis pour la première fois. Le Mont Rose, l'Aiguille du Midi, la Grande Casse, le Lyskamm, le Mont Viso, la dent d'Hérens, la barre des Ecrins, l'Aiguille verte. Il n'en reste qu'un seul, toujours invaincu, pour clore cet « âge d'or de l'alpinisme » : le Cervin. Ce sommet de 4.478 mètres à la frontière entre le Val d'Aoste italien et le Valais suisse est reconnaissable à sa forme pyramidale presque parfaite. Une montagne pharaonique de roc et de glace, qui trône au fond de la vallée de Zermatt. Ses arêtes effilées tracent des haubans tendus entre le sommet et les alpages.

Whymper découvre cette montagne dans les années 1860 et rêve dès lors de la conquérir. Il s'y essaie à plusieurs reprises mais échoue. Les Italiens, de leur côté, multiplient aussi les tentatives. Quintino Sella[5], grand alpiniste qui vient de participer à la création du Club Alpin Italien, suit de près ces ascensions, notamment celle d'une cordée transalpine

---

[5] Son neveu s'engagera quelques décennies plus tard dans l'expédition du Duc des Abruzzes dans le Karakoram (*Voir Chapitre 10* 📖 *Le Duc des Abruzzes au Chogolisa*).

qui se lance vers le sommet en juillet 1865, en même temps que Whymper, mais par le versant du Val d'Aoste.

Au matin du 13 juillet 1865, un petit groupe d'hommes quitte le village valaisan de Zermatt. En un peu moins de six heures, la troupe s'arrête au pied de l'abrupte paroi. Finie la randonnée, les choses sérieuses commencent au-dessus. Aux côtés du Britannique Edward Whymper, on retrouve le guide chamoniard Michel Croz, le guide de Zermatt Peter Taugwalder et ses deux fils ainsi que trois autres Anglais : Douglas, Hadow et Hudson. La bourgeoisie britannique occupait une place très importante dans les premières décennies de développement de l'alpinisme, on peut même dire qu'elle a largement contribué à la naissance de la discipline.

Le camp est installé aux alentours de 3.350 mètres d'altitude, sur l'arête dite du Hörnli. Une partie du groupe passe la nuit sous la tente pendant que les autres préfèrent s'allonger à la belle étoile. En ce début d'été, le temps est splendide et ne semble pas prêt à se détériorer.

Le lendemain, le groupe s'élance. L'un des jeunes Taugwalder, qui avait aidé au portage, quitte le groupe pour rentrer à Zermatt. Les sept autres grimpeurs attaquent la montée. Whymper et Hudson sont en tête, en alternance. Jusqu'à l'altitude de 3.900 mètres, atteinte vers 6h du matin, la corde était restée dans le sac la plupart du temps. Devant une telle apparence de facilité, le groupe repart après une courte pause. Il n'est pas dix heures quand les hommes arrivent à 4.270 mètres, à seulement 200 mètres du sommet.

La dernière partie promet alors d'être plus coriace. Le guide Croz prend la tête de la cordée. Les difficultés sont réelles mais Whymper ne les trouve pas bien plus marquées qu'à la Barre des Ecrins, gravie l'été précédent avec ce même Michel Croz[6].

---

[6] **Son guide de prédilection.** La voie empruntée dans les Ecrins pour cette première du sommet s'appelle maintenant le Couloir Whymper.

La cordée italienne qui projetait de réaliser cette même ascension semble bien loin. Elle est en réalité quelques 400 mètres plus bas sur un autre versant. A 13h40, Whymper, Croz et les autres sont au sommet du Cervin ! Ils savourent leur victoire, restant près d'une heure sur cette cime si longtemps convoitée. Sur un bout de papier glissé dans une bouteille, Whymper écrit les noms des membres de la cordée et c'est le début de la descente.

Dans une partie assez délicate de la voie, Hudow dérape et glisse sur Croz. Ce dernier, déséquilibré, tombe à son tour entrainant dans sa chute Hudson, puis Douglas. Les trois derniers membres de la cordée s'agrippent alors de toutes leurs forces à la paroi pour tenter d'enrayer leur chute. Le choc est violent mais de courte durée : la corde vient de lâcher. Les quatre malheureux glissent sans pouvoir se retenir vers le glacier du Cervin, 1.200 mètres en contrebas.

Taugwalder père et fils sont terrorisés. Tellement tétanisés que la suite de la descente semble bien compromise. Pourtant pendant plus de deux heures, péniblement, Whymper et les deux Zermattois avancent. A 18 heures, la partie la plus technique est derrière eux. A la nuit tombée, ils s'arrêtent sur un replat rocheux. Et au petit matin, ils terminent leur descente et parviennent à Zermatt.

Dans la foulée, un groupe quitte le village pour aller trouver un point de vue sur le Glacier du Cervin. Ils sont vite de retour après avoir aperçu les corps des alpinistes accidentés. Le lendemain, une caravane de secours s'ébranle et monte en direction du glacier. Whymper est de la partie. Quelques heures suffisent pour atteindre les corps et constater leur décès. Ils n'en comptent d'ailleurs que trois, le cadavre de Douglas a dû se faufiler dans une crevasse. Il n'a pas été retrouvé à ce jour.

La qualité de corde que Taugwalder avait choisie pour le relier au reste du groupe sera remise en cause. Certains commentateurs de l'époque évoqueront même un coup de canif dans ce câble qui risquait d'emporter les trois grimpeurs restants. Même si des enquêtes ont été diligentées plusieurs décennies plus tard, nous n'en saurons probablement jamais rien. Quoiqu'il en soit, Taugwalder quittera les Alpes et son métier de guide pour s'installer en Amérique du Nord.

Whymper, quant à lui, n'arrêtera pas sa carrière d'alpiniste et d'explorateur. Il participera à plusieurs expéditions au Groenland avant de s'attaquer aux sommets d'Amérique du Sud. En janvier 1880, il réalisera la première ascension du volcan équatorien Chimborazo (6.310 mètres) et d'une petite dizaine d'autres sommets du pays dans les semaines qui suivront.

En hommage au guide tombé au Cervin, un des sommets des Grandes Jorasses prendra le nom de Pointe Croz dans les années 30. Il se situe juste à côté de la Pointe Whymper. Cette dernière était baptisée depuis la première ascension de juin 1865. Whymper l'avait réalisée avec l'aide d'un guide de Chamonix. Un certain... Michel Croz !

5. Meta Brevoort au Bietschhorn
de tante à neveu - 1871

Dans la course aux premières ascensions, les femmes ne sont pas en reste. Même si l'Histoire les oublie parfois. Marguerite 'Meta' Brevoort est l'une d'elles.
⊙ Valais, Suisse.

Son nom aurait pu entrer par la grande porte dans l'Histoire de l'Alpinisme si elle avait atteint ses deux objectifs. Etre la première femme au sommet du Cervin, quelques années après Whymper. Et être la première personne au sommet du Grand Pic de la Meije ! Malheureusement pour Marguerite Brevoort, c'est Lucy Walker[7] qui s'empara de la première victoire ; et le Père Gaspard et Boileau de Castelnau de la seconde[8]. A chaque fois, elle n'était pourtant pas passée loin. Ces deux échecs ne lui firent pas perdre sa passion pour les sommets. Engouement qu'elle communiqua à son neveu qui la suivait en montagne, un certain William Coolidge. Au départ adolescent malade, le grand air lui fit grand bien. D'observateur, il allait bien vite devenir

---

[7] Grande sœur d'Horace Walker, premier au sommet des Grandes Jorasses en 1868. La Pointe « Walker » nous rappelle cet exploit. Lucy réalisa les premières féminines de nombreux sommets des Alpes suisses. Outre le Cervin, elle s'empara de l'Eiger, du Lyskamm ou encore du Piz Bernina.
[8] Première ascension de la Meije, *Voir Chapitre 6* 📖 *Pierre Gaspard et la Meije*.

acteur des ascensions de sa tante avant d'entreprendre sa propre carrière[9].

En Septembre 1871, Marguerite que l'on surnommait Meta voit poindre la fin de son été en montagne. Avant de quitter la Suisse, elle veut réaliser un vieux rêve. L'ascension de l'imposant Bietschhorn. Ce sommet des Alpes Bernoises culminant à 3.934 mètres a été gravi pour la première fois douze ans plus tôt, par un Britannique du nom de Leslie Stephen. A plusieurs reprises, Christian Almer et son fils Ulrich, guides de leur état, vont tenter de l'en dissuader. Mais c'est peine perdue ; elle insiste et arrive à ses fins à l'approche de l'automne 1871.

La cordée se compose alors de six guides ou porteurs, dont les deux Almer, de Meta Brevoort et de son chien Tschingel. Impossible de réaliser l'ascension sur une seule journée, il faut donc bivouaquer au pied de la montagne, à quelques heures de la dernière auberge. Un peu moins de quatre heures sont nécessaires pour atteindre un petit alpage qui se révèle être un parfait terrain pour passer la nuit. A 5h30 le lendemain matin, les premiers rayons du soleil réchauffent déjà les hautes cimes et Meta et ses hommes démarrent leur journée d'ascension. En à peine plus d'une heure, ils ont déjà pris pied sur le glacier à proximité d'une petite grotte à laquelle ils font bien de prêter attention. Dès lors, les choses sérieuses commencent et les moins intrépides (et le chien) ne montent pas plus haut. Ils ne sont plus que cinq à gravir prudemment des éboulis très instables pour rejoindre l'arête. Alors que cette ligne rocheuse se transforme en pente neigeuse, le vent se lève et amène avec lui une cohorte de nuages.

Suivre la crête est périlleux, surtout avec ce vent, mais ils parviennent malgré tout au sommet après plus de sept heures de montée. Si la joie d'avoir réussi est grande, Meta ne cache pas sa déception face à un panorama complètement masqué par les nuages. Qu'à cela ne tienne, après avoir glissé leurs noms dans une bouteille au sommet, ils

---

[9] On doit à William A.B. Coolidge (B. pour Brevoort) les premières du Piz Badile (*Voir Chapitre 14 🕮 Riccardo Cassin au Piz Badile*), de l'Ailefroide ou encore la première hivernale de la Jungfrau.

redescendent. Cette partie se révèle alors bien plus compliquée que la montée. Le vent rend difficile la progression par l'arête et la cordée plonge donc dans un couloir rocheux dans lequel les pierres dégringolent sans crier gare. L'une d'elle manque de précipiter la petite troupe plusieurs centaines de mètres plus bas. Ils s'en tirent à bon compte mais en plus de la belle frayeur, leur corde est quasiment sectionnée. Il faut donc redoubler de prudence.

La descente prend des heures. La nuit tombe sans que le vent ne se calme. Pire, la neige fait son apparition. Malgré la déshydratation et le cruel manque de clarté, ils arrivent à désescalader la paroi jusqu'au glacier dans ces conditions très dégradées. Serpenter sur un territoire si crevassé à la faible lumière d'une lune à demi masquée par les nuages est une vraie roulette russe. Mais la chance sourit aux audacieux du jour. Vers 23 heures, après une progression très lente sur la glace, ils arrivent à la petite grotte remarquée le matin même. Ils y pénètrent pour y passer le restant de la nuit. Ils craquent alors les quelques allumettes qu'ils ont en poche, histoire de pouvoir s'installer au mieux dans l'obscurité tenace de la caverne.

Aux premières lueurs du jour, Meta se remet en route, sous la neige. Une heure et demie plus tard, le bivouac de l'avant-veille est rejoint. L'un des guides restés là les accueille avec une bouteille de champagne symbolique qu'un thé bien chaud ne tarde pas à remplacer. Après quelques heures de repos, ils terminent leur descente sous une neige devenue pluie.

Meta Brevoort continuera ses saisons dans les Alpes notamment dans les Ecrins où elle réalisera plusieurs premières. En 1874, elle s'illustrera dans des ascensions hivernales comme la première du genre à la Jungfrau aux côtés de son neveu William Coolidge et de ses deux guides fétiches : Christian et Ulrich Almer. Ces deux derniers réaliseront d'innombrables escalades jusque dans les années 1880, notamment avec Coolidge. A l'image du somme Ouest des Droites, de deux des trois aiguilles d'Arves ou de l'une des faces du Mont Viso.

50 ascensions...

6. Pierre Gaspard et la Meije
il n'y a pas que le Mont Blanc… - 1877

Sommet mythique des Alpes françaises, la Meije a tardé à être conquise. Pourtant, des dizaines de prétendants s'y sont succédé. C'est un guide de l'Oisans, Gaspard, qui va y parvenir. ⊙ Massif des Ecrins, France.

Réduire l'alpinisme sur le territoire français au seul Massif du Mont Blanc serait une erreur. Plus au sud, les Ecrins[10] sont un autre haut lieu de la pratique de la haute montagne dans l'Hexagone. Dôme et Barre des Ecrins, Ailefroide, Pelvoux, Aiguille Dibona, Olan… Les sommets sont nombreux mais il en est un qui a une élégance toute particulière, c'est la Meije, dont le Grand Pic culmine à 3.983 mètres. C'est le second sommet des Ecrins.

A la fin du XIXème siècle, il est un chasseur de chamois qui a la réputation d'être un sacré grimpeur du côté de Saint Christophe en Oisans. C'est Pierre Gaspard que d'aucun surnommeront Gaspard de la Meije après le succès dont il est ici question.

Août 1877, Pierre Gaspard accueille son client, Emmanuel Boileau de Castelnau. Un petit jeune qui n'a pas vingt ans. Ils se connaissent déjà bien car cela fait deux ans qu'ils parcourent ensemble les sommets des Ecrins.

---

[10] Massif à cheval sur les Alpes du Sud et du Nord, aux confins des départements de l'Isère et des Hautes-Alpes, devenu en parti Parc National en 1973. Il comprend notamment le bassin de la Romanche : l'Oisans.

Quelques années plus tôt, Boileau de Castelnau avait fait la connaissance d'Henri Duhamel, membre fondateur du Club Alpin Français et obsédé par un sommet : la Meije. Quelques discussions entre les deux hommes suffirent à convaincre Boileau de Castelnau que cette montagne devait être fabuleuse. C'est ainsi qu'il se décida à entreprendre son ascension. Quant à Gaspard, il n'était pas n'importe quel guide, il avait déjà accompagné Duhamel dans sa précédente et infructueuse tentative. Ils avaient été bloqués au pied d'une pyramide de roche lisse, bien loin du but.

Le Meije est composée de deux sommets : le pic central, déjà conquis à l'époque. Et le Grand Pic ou pic occidental, le plus haut. Ce dernier est toujours vierge et suscite les convoitises de nombreux alpinistes du monde entier, notamment celles de l'Américaine Meta Brevoort[11].

Partis le 4 août de Saint Christophe en Oisans, le client et son guide se dirigent vers la Meije pendant que le fils Gaspard fait un crochet par La Bérarde[12] pour y récupérer des vivres. Une nuit à la belle étoile et les voilà repartis. Bien que réticent au début, Gaspard père accepte de continuer vers la Meije, qui n'était pas la course initialement prévue. Quelques heures suffisent au guide pour escorter Castelnau jusqu'au dernier rocher atteint avec Duhamel, ils y arrivent peu avant midi. Mais Gaspard sait les difficultés de la dalle lisse qui suit, et il ne veut pas s'y aventurer, il refuse de continuer. Qu'à cela ne tienne, Boileau de Castelnau ira tout seul ! Il suffisait de s'attaquer à l'égo du guide pour le faire changer d'avis. Un grand classique.

Leurs chaussures cloutées glissent sur le rocher poli. Gaspard a alors une idée et retire ses souliers pour continuer pieds nus. Et c'est très efficace. Sur un sol pareil, les orteils offrent une adhérence honorable et quelques minuscules prises viennent aider la progression. En quelques minutes, la dalle est franchie mais le sommet est encore loin et les pieds meurtris. Gaspard ne cache pas sa satisfaction d'avoir réussi à passer cette difficulté mais il se fait tard. Alors le duo redescend, bien décidé à

---

[11] *Voir Chapitre 5 📖 Meta Brevoort au Bietschhorn.*

[12] Petit village le plus proche.

remonter le lendemain pour aller au bout. Bien sûr, en arrivant à La Bérarde, la cordée ne raconte rien et ne parle pas d'y retourner...

Le mauvais temps met leur patience à rude épreuve. Par deux fois, ils s'aventurent jusqu'au bivouac du Châtelleret[13], mais doivent rebrousser chemin. Ce n'est que dix jours plus tard qu'ils peuvent grimper à nouveau. Mi-août, un troisième guide[14] est engagé pour mettre tous les atouts de leur côté et dans la nuit du 15 au 16, ils arrivent au Châtelleret pour y dormir un peu. Après un départ très matinal, le groupe parvient à la difficulté supposée infranchissable mais finalement vaincue en début de mois. Cette fameuse pyramide atteinte par Duhamel.

Il est environ 9h du matin. Ils sont de retour sur la terrible dalle qui n'est plus aussi difficile : ils avaient laissé la corde utilisée à la descente ! Au-dessus, ils enchainent péniblement par un petit glacier plutôt simple à traverser mais le troisième guide peine et ne montera pas plus haut. En 45 minutes, le glacier est derrière eux et ils arrivent sur l'ultime problème de l'ascension. Un surplomb qui barre l'accès au sommet si proche ! Gaspard père, puis Castelnau et enfin Gaspard fils : tour à tour, ils tentent de passer mais manquent de se rompre les os. Alors qu'ils allaient abandonner, l'habile chasseur de chamois propose de contourner la difficulté en traversant vers la face nord. Après deux heures sur cette dernière difficulté, Boileau de Castelnau passe à son tour et ils finissent ensemble les derniers mètres de montée. Le 16 août 1877, en milieu d'après-midi, ils ont réussi. Ils sont au sommet du Grand Pic. Avant de redescendre, les Gaspard père et fils construisent deux gros cairns visibles de loin pour marquer leur passage ! Pierre est soulagé, il se réjouit que ce ne soit pas un guide étranger qui ait vaincu la Meije. Les guides étrangers dont il est question sont notamment ceux de la Compagnie des Guides de Chamonix, à cette époque plus que jamais,

---

[13] C'est à cet endroit-même que se tient depuis 1959 le Refuge de Châtelleret, à quelques deux heures de marche de La Bérarde.
[14] Ce guide de la vallée du Vénéon s'appelait Jean-Baptiste Rodier.

corporation hautaine qui méprisait souvent les guides qui n'avaient pas grandi dans la vallée de l'Arve[15].

Ils passent la nuit dans la montagne, faute de trouver leur chemin dans l'obscurité. Le bivouac n'est pas de tout repos. Le temps est mauvais et la neige et le vent les refroidissent. Ils redescendent le 17 dans la vallée, sains et saufs, non sans faire une dernière halte déjeuner au Châtelleret ! Ils rejoignent Duhamel le jour suivant à l'inauguration d'un des premiers refuges du massif : le Refuge Cézanne[16]. Ils y sont ovationnés par le public.

La carrière de grimpeur de Boileau de Castelnau ne durera pas. Son service militaire l'année suivante en sonnera le glas. Gaspard, quant à lui, continuera à emmener des clients dans le massif jusqu'au début du XXème siècle.

---

[15] L'Arve coule à Chamonix.
[16] Au pied du Pelvoux, dans le pré de Mme Carle, il existe toujours aujourd'hui.

7. Albert F. Mummery à l'Aiguille Verte
l'alpiniste écrivain - 1881

Pourfendeur d'un alpinisme sans guide, Albert Mummery va escalader les plus grands sommets des Alpes. Plusieurs portent encore son nom. Il s'est notamment attaqué à « La Verte », l'Aiguille Verte !
⊙ Massif du Mont Blanc, France.

Mummery est un alpiniste de la seconde moitié du XIXème siècle, connu pour avoir été l'un des premiers à se passer de guide. Mais durant cet été 1881, lorsqu'il s'attaque à l'Aiguille Verte, il est encore bien accompagné. Et pas par n'importe qui, c'est Alexandre Burgener, un ancien chasseur de chamois valaisan devenu guide, qui grimpe avec lui. Burgener était déjà de ses premières sur de nouvelles voies au Cervin ou à l'Aiguille des Grand Charmoz.

Avec les Drus pour gardes du corps, l'Aiguille Verte s'élance sans crainte vers le ciel. Elle dépasse allègrement les sommets environnants et sa cime glacée, supposée revêtir des couleurs vertes sous un ensoleillement adéquat, plonge vers le petit hameau d'Argentière. Elle culmine à 4.122 mètres.

Le 29 juillet passé midi, Mummery part à pied pour le Montenvers. Il marche faute de voie ferrée : cette dernière ne sera construite que trente ans plus tard. Après une halte au refuge, la cordée Mummery-Burgener lève le camp en fin de soirée. Ils sont accompagnés par Benedikt Venetz, un porteur. Direction les crevasses de la Mer de Glace et assez vite le glacier de la Charpoua. Le porteur fait long feu. Alors que le groupe remonte péniblement la moraine qui borde le glacier, il renonce, souffrant de maux de tête et de problèmes digestifs. Les deux autres continuent.

Mummery comme Burgener doutent de leur capacité à boucler cette ascension mais imaginent au moins réaliser une reconnaissance, nécessaire à une future montée en bonne et due forme. Aux premières lueurs du jour, ils arrivent à l'emplacement actuel du Refuge de la Charpoua, qui viendra plus tard, en même temps que le train à crémaillère du Montenvers. En attendant, ils se reposent en grignotant un morceau.

Après avoir repris leur progression, ils doivent faire face à une rimaye particulièrement béante. Seul un petit pont de neige subsiste mais il semble bien fragile. A chaque instant les alpinistes peuvent se retrouver projetés dans le vide. Mais la neige, pétrifiée par le froid du matin, tient bon. Une deuxième crevasse est passée sans encombre avant la suivante, encore très scabreuse. Grâce aux acrobaties de Burgener, la cordée traverse cette nouvelle difficulté. Il ne faut ensuite pas traîner car le couloir dans lequel le duo est engagé est sujet à de nombreuses chutes de pierres, en témoignent les impacts et les débris qui décorent les lieux.

Après une nouvelle pause une fois un abri trouvé, les hommes repartent. Mummery porte les sacs tandis que Burgener taille des marches. Malgré le côté laborieux de sa méthode, ils avancent assez efficacement. Dans son empressement, il frappe un peu trop fort sur la glace et son piolet se brise en deux. Le guide se saisit du piolet de Mummery et continue son travail. Sans avoir à porter son sac, il avance plus vite que prévu et son client britannique tire la langue. Ils atteignent enfin la ligne qui relie les Drus à « La Verte ». Le reste ne présente plus beaucoup de difficultés. Les deux avancent sur l'arête et parviennent au sommet à la mi-journée. Idéal pour une pause déjeuner.

Même s'ils passent plus d'une heure sur le point culminant, auréolés de leur succès, ils n'en ont pas terminé. Ils doivent désormais descendre. A cette heure, il n'est pas prudent de repartir dans la même voie, trop sujette aux chutes de pierre. Ils suivent alors l'arête vers l'Aiguille du Jardin. L'objectif est de se diriger vers le glacier de Talèfre. Rappels, glissades, désescalade : tous les moyens sont bons pour descendre rapidement sur la glace. Alors qu'ils pensaient qu'il serait nécessaire de laborieusement tailler des marches pour sécuriser le cheminement, la neige permet une progression rapide sans prendre trop de risques. Ils descendent par une partie de l'itinéraire emprunté par Whymper[17] lors de la première ascension de l'Aiguille Verte seize ans plus tôt.

Avec un seul piolet valide, la rimaye qui permet de se sortir de ce glacier n'est pas une partie de plaisir. Ils doivent finalement descendre en partie dans la crevasse pour arriver à la franchir. Quelques contorsions plus tard, le passage est dépassé. Mais l'heure tourne, il est déjà 18h et la partie n'est pas encore gagnée. Il faut encore deux heures à la cordée pour passer le Couvercle, traverser la Mer de Glace et se retrouver de retour au Montenvers.

C'est une victoire pour Mummery qui signe ici l'ouverture d'une nouvelle voie sur la fameuse Aiguille Verte : par le Glacier de la Charpoua et son couloir en Y. A cette époque, le succès est avant tout celui du client. Le guide, qui fait pourtant la plus grosse partie du travail, qui prend les principaux risques, se retrouve relégué au second plan. Mummery n'a cependant pas démérité, il est à l'origine de l'idée, du financement et n'hésite pas à prendre la tête de la cordée quand nécessaire, à porter les affaires du guide, etc. Plus tard, il ira même jusqu'à se passer de guide notamment lorsqu'il grimpera avec le scientifique John Norman Collie.

Dans les années suivantes, Albert F. Mummery continuera ses pérégrinations dans les Alpes mais il s'illustrera également dans le Caucase. En 1895, il entreprendra la toute première ascension du Nanga Parbat, dans l'actuel Pakistan. Il ne dépassera pas les 6.600 mètres et

---

[17] Edward Whymper réalisa cette première de « La Verte » aux côtés de Christian Almer et Franz Biner, en 1865, l'année du Cervin. *Voir Chapitre 4* 📖 *Edward Whymper au Cervin.*

sera emporté, ainsi que deux porteurs, par une avalanche. Il deviendra ainsi le premier d'une longue liste : celle des victimes du Nanga Parbat[18].

---

[18] *Voir Chapitre 20 📖 Hermann Buhl au Nanga Parbat.*

8. Martin Conway et le Karakoram

expédition en haute montagne - 1892

Au cours du XIXème siècle, les Anglais vont tenter de cartographier leur immense empire, et notamment les Indes. Au cœur de ce territoire : le Karakoram, et un aventurier : Martin Conway.
⊙ Massif du Karakoram, Inde britannique (Pakistan).

A la fin du XIXème siècle, les Alpes ne présentent plus beaucoup d'intérêt pour les explorateurs en mal de découvertes exotiques. C'est aux confins du monde connu que ces derniers se hasardent désormais. Le Britannique William Martin Conway est de ceux-là. En 1892, il s'aventure au Karakoram avec une petite équipe : ils ne sont que six à quitter Londres au début du mois de février. Parmi eux, le peintre Arthur David McCormick, un guide piémontais, deux amis de Conway et un soldat Gurkha[19]. Plusieurs semaines passent pendant lesquelles l'*Ocampo* s'éloigne de Douvres, entre en Méditerranée, puis fait escale à Port Saïd avant de s'engager dans le Canal de Suez. Ce passage permet, depuis 20 ans seulement, de raccourcir considérablement les trajets vers les Indes. Après la mer Rouge et le Golfe d'Aden, le bateau ne tarde pas à accoster à Karachi[20]. Les Indes, enfin. Près d'un mois s'est déjà écoulé pour effectuer un trajet que les vols directs réalisent aujourd'hui en sept heures seulement. Quelques jours plus tard, le train permet d'atteindre

---

[19] Les Gurkhas sont des membres de l'armée britannique des Indes, recrutés au Népal. Depuis l'indépendance de l'Inde, une partie des unités Gurkhas a été intégrée à l'armée britannique, le reste à l'armée indienne. Enfin, des recrues gurkhas alimentent aujourd'hui les forces de police de Singapour.
[20] Karachi est aujourd'hui le principal port du Pakistan.

Abbottabad puis plusieurs jours de marche jusqu'à Srinagar. Chaque nouvelle étape prend des semaines. Ce n'est qu'en août que le groupe parvient au Glacier du Baltoro, au cœur du massif du Karakoram. Ils sont plus nombreux qu'à Londres, des porteurs baltis et des soldats Gurkhas sont venus renforcer la joyeuse troupe. Plus que quelques jours et ils contemplent le K2, prennent des mesures, cartographient les lieux, font des prélèvements. La dimension scientifique est, à l'époque, une part importante des expéditions de ce type.

Dans les dernières semaines du mois d'août, Conway et ses hommes pénètrent plus encore dans le massif, bien décidés à s'attaquer au Baltoro Kangri. Coincé entre le Chogolisa[21] à l'Ouest et le Hidden Peak[22] à l'Est, cette montagne semble dépasser allègrement les 7.000 mètres. Au pied de la face Nord de ce colosse, l'été commence à reculer. La nuit, les températures sont négatives dans le petit camp qu'ils installent à 5.500 mètres d'altitude mais le jour, le soleil peut encore être très chaud. Dans la tente, il n'est pas rare de dépasser les 35°C en milieu de journée. Conway fait de premières constatations intéressantes sur la puissance des rayons du soleil à une telle altitude. Il préconise de marcher de nuit et par des itinéraires ombragés pour limiter l'exposition au soleil.

Un nouveau camp est installé 300 mètres plus haut dès que le mauvais temps leur laisse un peu de répit et les hommes continuent leur ascension. A plusieurs reprises, ils constatent qu'ils perdent toute sensation au niveau des pieds. Plus de vingt minutes à frotter ses orteils sont nécessaires pour que la circulation sanguine soit à nouveau optimale. Certains jours, ils sont même obligés de s'arrêter en cours de route pour réchauffer leurs extrémités. Le guide italien ne cesse de rappeler que les chaussures anglaises ne valent pas celle de Zermatt ! A partir de 6.000 mètres, Conway met ses cigarettes de côté. L'air raréfié ne lui permet plus de les fumer...

Au bout de quelques jours, ils s'aperçoivent que l'arête sur laquelle ils progressent ne mène pas au sommet du Baltoro Kangri, mais

---

[21] *Voir Chapitre 10* 📖 *Le Duc des Abruzzes au Chogolisa.*
[22] *Voir Chapitre 13* 📖 *Pierre Allain au Hidden Peak.*

uniquement à une de ses antécimes. Après 6.300 mètres, la glace devient dure mais fort heureusement, leurs chaussures sont équipées de l'ancêtre des crampons. Ils parviennent donc à passer ces pentes délicates. Le guide est en tête, il taille des marches pour faciliter la progression du reste du groupe. En début d'après-midi ce 25 août 1892, l'expédition arrive enfin au sommet, baptisé le Pioneer Peak.

Plusieurs Gurkhas rendus malades par l'altitude ont du faire demi-tour. Le matériel monté au sommet est donc minimaliste et les relevés d'altitude quelque peu erronés. Ce jour-là, Conway note une altitude de 7.000 mètres[23]. Un record pour l'époque qui tiendra jusqu'à l'expédition du Duc des Abruzzes sur les pentes du Chogolisa quelques décennies plus tard[24]. Avant de redescendre, il procède également à quelques expériences médicales et constate que son cœur s'emballe plus que de raison. Vers 16 heures, la cordée quitte le sommet pour regagner le camp, après un dernier coup d'œil au paysage. L'explorateur britannique note d'ailleurs la magnificence de ce dernier : les sommets du K2, du Broadpeak… ou encore la Tour de Mustagh. Il va même jusqu'à considérer que cette dernière a une esthétique parfaite qui rivalise avec le Cervin !

Dans la descente, l'un des Gurkhas qui ouvrait la marche dérape et glisse dans la pente glacée. Conway et le guide campent fermement sur leurs pieds, ancrant leur piolet jusqu'à la lame. Le soldat parvient péniblement à se rattraper et taille des encoches dans la glace pour se remettre debout et regagner la trace. Les 600 mètres de vide dans lesquels la cordée aurait pu être emportée n'ont rien de très accueillants. Passé le coup de chaud occasionné par cet incident, la fin de la descente est plus joyeuse. Les dernières dizaines de mètres se font sur une pente sûre qui permet de se laisser glisser jusqu'à la tente.

Le chemin du retour est long. Le groupe parvient à Srinagar à la mi-octobre puis deux semaines plus tard à Abbottabad, garnison de la Compagnie Britannique des Indes orientales. Conway passe plusieurs

---

[23] L'altitude du sommet est en réalité de 6.804 mètres.
[24] Voir Chapitre 10 📖 Le Duc des Abruzzes au Chogolisa.

semaines à visiter les Indes, notamment le Rajasthan. Le premier décembre, son bateau appareille du port de Bombay. L'explorateur britannique arrive à Londres le 20 décembre, près de onze mois après le début de son expédition.

Sir Martin Conway continuera ses aventures en altitude dans les Andes boliviennes ou en Terre de Feu. Il délaissera quelque peu les expéditions au début du XXème siècle pour débuter une deuxième carrière, celle d'homme politique.

9. Joseph Ravanel aux Drus
la vraie traversée - 1901

Rendu célèbre par Roger Frison-Roche dans Premier de Cordée, le guide chamoniard Joseph Ravanel avait un talent de grimpeur qui dépassait la vallée. Illustration aux Drus.
⊙ Massif du Mont Blanc, France.

Longtemps avant d'accueillir les prouesses de Walter Bonatti[25], les Drus ont su affuter la convoitise des grimpeurs. Il s'agit en réalité de deux pics distincts, reliés par une paroi sacrément corsée. Deux flèches de granit qui se dressent hardiment au-dessus de la Mer de Glace, à quelques encablures de Chamonix. Chacun de ces sommets fut conquis à la fin du XIXème siècle mais la traversée entre les deux dût attendre une petite dizaine d'années de plus tant elle était difficile. Et du reste, elle fut réalisée en partant du point le plus haut et tendant des cordes depuis le sommet[26]. La traversée était faite mais d'une manière que les Britanniques n'oseraient pas qualifier de *« by fair means*[27] *»*.

Août 1901. Un guide de Chamonix s'intéresse à cette traversée. Il est l'un des plus fameux, que Roger Frison-Roche appellera Joseph Ravanat dans son *Premier de Cordée*. Joseph Ravanel, le « Rouge », a réussi une belle

---

[25] *Voir Chapitre 22 📖 Walter Bonatti au Petit Dru.*
[26] Première traversée par Emile Rey, François SImond et Henri Dunod.
[27] *« by fair means »* : expression attribuée à Mummery ; une ascension by fair means est une ascension la plus légère possible où les moyens mis en œuvres sont les plus raisonnables et honnêtes. La première traversée des Drus n'est en l'occurrence pas en accord avec cette éthique de l'alpiniste.

première à l'Aiguille du Fou courant juillet avec le photographe et alpiniste Emile Fontaine. Mais le 23 août, quand Ravanel, son frère et Fontaine quittent le Montenvers pour aller dormir au petit bivouac de la Charpoua, c'est aux Drus qu'ils s'intéressent. Dans la nuit suivante, ils partent vers le sommet du Petit Dru. Y parvenir n'est pas le plus dur, vaincre les 70 mètres qui le séparent du Grand Dru sont une autre paire de manches.

Attaquer cette difficulté de front semble impossible. Aussi Ravanel décide-t-il de contourner en partie le problème en passant par la Face Nord du Grand Dru. Cette ruse n'en reste pas moins délicate. Le vide est partout, les prises rares et le mélange de rocs et de glace limite l'adhérence. La corde fait de la figuration ; si l'un des alpinistes venait à tomber, il entrainerait les autres dans sa chute ; aucun ne serait en mesure d'arrêter ses compagnons dans une telle paroi. Lorsque Fontaine fait tomber un gros bloc de pierre et manque de le suivre dans le vide, le rappel à l'ordre est clair. Le danger est bien là.

Quelques prises, quelques entailles dans la glace et une ultime courte échelle permettent de forcer la dernière muraille. Plus de deux heures se sont écoulées entre le départ du sommet du Petit Dru et l'arrivée sur celui du Grand Dru. Mais Ravanel en est bien conscient, il a lui aussi triché. En contournant l'arête la plus directe qui mène du Petit au Grand Dru, il a failli. Ce n'est que partie remise, il reviendra.

Deux ans plus tard, Ravanel est de retour avec Fontaine et un autre guide[28]. Suspendu à une corde, Fontaine analyse la paroi reliant les deux sommets. Il croit apercevoir quelques fissures dessinant un « Z ». Elles semblent permettre de franchir l'obstacle. Ravanel enregistre ces indications et prévoit une nouvelle tentative. C'est chose faite début septembre 1903 avec un autre client. En tête, Joseph Ravanel grimpe vers le Petit Dru. Dans la foulée, il propose à son client de réaliser la Traversée vers le Grand Dru. Se rappelant du fameux « Z » repéré par Fontaine, il va ferrailler dans la paroi pour parvenir à franchir le ressaut

---

[28] Léon Tournier.

très exposé qui rend si difficile cette traversée. Le « Z » est une réalité. Le passage n'est désormais plus infranchissable[29].

Avec ces multiples tentatives qui lui permettront finalement de réussir, Joseph Ravanel aura encore une fois démontré sa pugnacité légendaire. Il ouvrira de nombreux sommets dans les années suivantes avant de raccrocher son piolet. Sur ses vieux jours, il s'installera comme gardien du Refuge du Couvercle, accompagné de son épouse. Une des aiguilles du Massif de Mont Blanc porte aujourd'hui son nom.

---

[29] Cotée D – Difficile, cette course est encore fréquemment réalisée de nos jours.

10. Le Duc des Abruzzes au Chogolisa
son altesse en montagne - 1909

Aventurier aristocrate, le Duc des Abruzzes s'intéresse ici aux montagnes du Karakoram comme le K2. Il se rabat finalement sur le Chogolisa pour une ascension très prometteuse.
⊙ Massif du Karakoram, Inde britannique (Pakistan).

Sept guides de Courmayeur arrivent à Marseille le 26 mars 1909. Parmi eux, Joseph Petitgax, Vittorio Sella ou encore les frères Brocherel. Ils accompagnent Louis-Amédée de Savoie, plus connu sous son titre de Duc des Abruzzes. C'est le fils d'un roi d'Espagne qui n'allait régner que quelques années. De sa formation militaire, il garde un goût pour l'aventure que sa condition lui permet de satisfaire sans trop de soucis matériels. Ce jour-là, lorsqu'il monte à bord du vapeur *Oceania*, il n'en est pas à sa première expédition. A tout juste 20 ans, il a déjà effectué un premier tour du monde. Quelques années auparavant, il explorait la chaîne du Rwenzori dans l'Est de l'Afrique.

Plusieurs jours sont nécessaires pour atteindre le Canal de Suez, et dans les premières lueurs d'Avril : le navire entre dans le port de Bombay. Le groupe et ses six tonnes de matériel prennent ensuite un train à destination de Rawalpindi. Ce trajet entre l'Inde et l'actuel Pakistan[30] prend deux jours. A l'époque, ce large territoire est couvert par l'Inde britannique. Fin de la voie ferrée, direction Srinagar sur des chariots tirés par des chevaux. Plus de 300 kilomètres sont couverts pour rejoindre le

---

[30] Le Pakistan se sépare de l'Inde en 1947.

Cachemire en près de huit jours. Cap ensuite sur la chaîne du Karakoram au cœur du Baltistan. Très vite, des paysans sont engagés comme porteurs. La caravane compte alors près de 300 personnes. Direction Skardu. Le 9 mai, le groupe s'est un peu resserré et part vers Askole. Les voilà au cœur des montagnes. Huit jours plus tard, le voyage continue vers Urdukas. Puis c'est enfin le Glacier du Baltoro, l'un des plus grands glaciers de la planète. Le camp de base est installé à une centaine de mètres au-dessus de la glace. Une partie des porteurs n'est plus nécessaire. Ceux qui restent sont partagés en deux groupes : quelques-uns demeurent au camp de base, les autres partent vers le glacier Godwin-Austen[31] pour installer un camp d'altitude. En arrivant au croisement des deux langues glaciaires, ils sont saisis par la vue. Le K2, les Gasherbrum, puis le Broadpeak. Tous des sommets de plus de 8.000 mètres, majestueux. Le 27 mai, un camp est installé au pied du K2, la seconde montagne la plus haute de la planète.

Une première tentative d'ascension est lancée sur la Face Sud mais les guides font vite machine arrière. C'est beaucoup trop technique. Lors d'un deuxième essai, ils grimpent jusqu'à un col tout proche pour avoir une vue sur les possibilités offertes par la Face Nord. Ils n'ont pas beaucoup plus de succès. Mi-juin, ils parviennent péniblement à l'altitude de 6.600 mètres. Ils n'iront pas plus haut sur cette arête jusque-là vierge de toute ascension. Cette deuxième tentative d'ascension du K2 de l'histoire[32] est un échec.

Cette voie baptisée plus tard « Eperon des Abruzzes », en l'honneur du Duc, deviendra la voie normale d'accès au sommet du K2. En juillet 1954, Lino Lacedelli et Achille Compagnoni planteront le drapeau italien sur la cime de celui que les Balti appellent le Chogori. Dans l'équipe, on trouvera également le jeune Walter Bonatti.

---

[31] C'est le nom du topographe britannique Henry Godwin-Austen, l'un des premiers à cartographier la chaîne himalayenne.
[32] En 1902, l'alpiniste anglais Oscar Eckenstein en avait réalisé une première tentative. Il avait attaqué la montagne par une autre voie mais n'avait pas non plus dépassé l'altitude de 6.600m.

Mais revenons à 1909. Le duc finalise plusieurs observations scientifiques et prend de nombreux clichés du K2. Après cette tentative avortée sur ce sommet, il a une nouvelle idée : il met le cap sur le Bride Peak, autrement connu sous le nom de Chogolisa. Personne n'a jamais essayé de s'attaquer à ses 7.665 mètres et sa face nord ne semble pas si imprenable. Il faut faire machine arrière, redescendre le glacier Godwin-Austen. Quelques jours suffisent et début juillet, un nouveau camp est installé, au pied du Chogolisa, à 5.100 mètres.

Le mauvais temps s'invite alors dans la partie. Pendant de longues journées, il est impossible d'imaginer quitter le camp. Quand une éclaircie permet une petite escapade dans la face, les guides ne sont pas très enthousiastes. Cette paroi qui semblait si accessible depuis le K2 n'est finalement pas si évidente à conquérir. Une tentative est alors entreprise sur l'arête Est mais les guides sont vite arrêtés par des crevasses gigantesques et des blocs de glace infranchissables. La motivation commence à leur faire défaut. Mais le Duc parvient à planter une tente à 6.400m le 10 juillet, redonnant espoir à la cordée.

Deux jours plus tard, l'altitude de 7.000 mètres est atteinte. Le mauvais temps revient interrompre l'assaut pendant quelques jours. Le 18 juillet, un petit groupe reprend la montée, même si la météo n'est pas optimale. La neige est profonde est chaque pas prend du temps. Toutes les quinze minutes, ils font une pause. Plusieurs passages rocheux nécessitent l'usage des mains. Ils parviennent alors à 7.498 mètres mais les nuages rendent la suite de la montée impraticable. C'est du suicide que de continuer à grimper à l'aveugle. Après deux heures d'attente, le temps ne s'améliore pas et le Duc ordonne à son équipe de redescendre. 7.498 mètres : quelques dizaines de mètres les séparent alors du sommet.

En arrivant à cette altitude, le Duc des Abruzzes et ses hommes auront battu un record : celui de l'altitude la plus haute jamais gravie. Ce ne sera qu'en 1922, treize ans plus tard, qu'elle sera dépassée, par un certain George Mallory[33], lors de sa première expédition à l'Everest.

Ce voyage n'aura pas simplement été une aventure de plusieurs mois à travers des contrées rarement explorées. Le Duc des Abruzzes comptait dans son équipe un physicien et un photographe qui auront permis de rapporter d'intéressantes observations des lieux traversés tant sur les plans géologiques ou botaniques que météorologiques ou médicaux.

Ces ascensions sur les sommets du Karakoram sonneront la fin des projets du Duc des Abruzzes sur les montagnes. Il partira ensuite à la découverte de la corne de l'Afrique.

---

[33] *Voir Chapitre 11* 📖 *George Mallory à l'Everest.*

11. George Mallory à l'Everest
l'ascension mystérieuse - 1924

Nième tentative à l'Everest, l'expédition britannique de 1924 va tout tenter pour atteindre le toit du monde, scellant le destin de George Mallory et Andrew Irvine dans la légende de la montagne.
⊙ Massif de l'Everest, Tibet.

Dans la première moitié du XXème siècle, la Royal Geographic Society et le Club Alpin anglais financent plusieurs expéditions dans le but de planter le drapeau britannique sur le Mont Everest. Depuis la fin du siècle précédent, cette montagne est incontestablement la plus haute, avec ses 8.848 mètres. De premiers repérages ont lieu en 1921, sous la direction de Charles Howard-Bury, un soldat de sa Majesté. L'expédition se déroule sur le versant tibétain, le Népal est alors fermé aux étrangers.

Dans son équipe, un jeune alpiniste venu du Nord-Ouest de l'Angleterre : George Mallory, 35 ans. Il atteint les 7.000 mètres sur les pentes de l'Everest. L'expédition rentre à Londres avec ce record et la promesse de retourner sur cette montagne, et de réussir à la conquérir. L'expédition de l'année suivante les emmène jusqu'à l'altitude inégalée de 8.326 mètres mais une avalanche tue sept porteurs et met prématurément fin aux tentatives en cours. Ce sont les premiers morts de l'Everest.

Il faut donc attendre l'année suivante pour que les Anglais repartent en Himalaya. Douze hommes quittent **Douvres** en bateau en direction des Indes. Le voyage est long. D'abord le bateau, puis il faut traverser l'Inde jusqu'à Darjeeling et enfin basculer au Tibet. Ils arrivent sur les hauts plateaux en avril 1924. Parmi eux, George Mallory, Edward F. Norton ou encore Andrew Irvine. Ils sont dirigés par Charles G. Bruce, général Gurkha et président du Club Alpin britannique. L'expédition ne commence pas sous les meilleurs auspices puisque le lama supposé bénir l'équipe est souffrant. Qu'à cela ne tienne, les Anglais iront au sommet sans puja ! Les quelques 150 porteurs tibétains et sherpas n'ont guère le choix, ils suivent le mouvement. Leur travail est déterminant dans le déroulement de l'expédition. En quelques semaines, ils érigent plusieurs camps d'altitude. Ils remettent du cœur à l'ouvrage quand le lama du monastère de Rongbuk, guéri, fait le déplacement pour finalement bénir les alpinistes. Les porteurs les plus forts – les tigres – sont choisis pour accompagner les Anglais au plus haut. Deux tentatives sont lancées : les 1er et 2 juin. Lors du premier essai, Norton arrive seul jusqu'à l'altitude de 8.570 mètres. Encore un record.

Au matin du 6 juin, Mallory et Irvine comptent aller encore plus haut. Ils partent du Camp V à 7.700 mètres. Ils sont accompagnés par 8 tigres et arrivent à installer un sixième camp aux alentours de 8.100 mètres. Les porteurs redescendent. Le temps est clément, il n'y a pas de vent. Les deux anglais sont seuls à plus de 8.000 mètres d'altitude. Le 8 juin, Noel E. Odell monte à son tour pour épauler la cordée d'attaque. A la mi-journée, le ciel se dégage et il est en mesure de voir le sommet. A la jumelle, il aperçoit alors Mallory et Irvine qui attaquent la dernière partie de l'ascension. Mais la joie est de courte durée : pendant près de deux heures, une tempête de neige va s'abattre sur la montagne. Odell s'abrite sous une tente du Camp VI et lorsqu'il ressort, la neige a tout recouvert et ses deux compagnons ont disparu. Une épaisse couche de poudreuse blanchit le décor, il distingue la ligne de crête que devaient suivre ses équipiers. Aucun signe de vie.

Après être redescendu au camp IV, il revient à 8.100 mètres le lendemain mais ne trouve aucune trace de ses camarades. L'expédition plie bagage, la mort dans l'âme. Le 16 juin, le groupe s'éloigne des contreforts de l'Everest. Il rentre en Angleterre sans Mallory et Irvine.

Dès leur retour en Europe, l'expédition soutient que Mallory et Irvine ont réussi le sommet. Mais le témoignage d'Odell est fragile. Il ne sait plus vraiment ce qu'il a vu. Assez vite, les Anglais se font moins sûrs d'eux et l'on finit par considérer que le sommet reste toujours invaincu.

Depuis cette époque, les spéculations vont bon train sur ce qui s'est réellement passé ces premiers jours de juin 1924 sur le versant Nord de l'Everest. Il faut attendre jusqu'en 1999 pour que Conrad Anker découvre le corps gelé de Mallory, quelques centaines de mètres sous le sommet. Si la nouvelle a un certain retentissement, elle n'apporte pas grand-chose à l'enquête que mènent des milliers d'alpinistes amateurs de par le monde. Ils cherchent à savoir si Mallory et Irvine sont bel et bien arrivés au sommet de l'Everest trois décennies avant Edmund Hillary et Tensing Norgay[34].

Si l'absence de la photo de Ruth, la femme de Mallory, dans les poches de sa veste, aura fait douter les plus romantiques – il la gardait précieusement pour la déposer au sommet – il semble que les difficultés techniques posées par la dernière partie de l'ascension n'aient pu être résolues sans un équipement particulier. Pour passer ce douteux ressaut, une échelle métallique a été installée en 1975. Les meilleurs alpinistes d'aujourd'hui ne peuvent passer sans utiliser tout ou partie de ce dispositif, alors à l'époque : c'était très improbable.

Un jour peut-être, la montagne restituera le corps d'Irvine ou l'appareil photo de la cordée. Et alors, les spéculations repartiront de plus belle. A des journalistes newyorkais qui lui posaient la question « Mais pourquoi voulez-vous gravir l'Everest ? », Mallory aurait répondu « Parce qu'il est là ». Plus personne n'est aujourd'hui vraiment sûr que cette phrase mythique soit de lui, elle pourrait être née dans l'esprit du journaliste qui tentait de retranscrire la pensée du grimpeur anglais. Bref, dans cette histoire de Mallory et Irvine à l'Everest, on n'est plus sûr de grand-chose.

---

[34] *Voir Chapitre 19* 📖 *Edmund Hillary à l'Everest.*

12. Eric Shipton à la Nanda Devi
le sommet interdit - 1934

L'explorateur Eric Shipton découvre les montagnes du Nord de l'Inde et tente pendant plusieurs mois de pénétrer dans un cirque inaccessible : le Sanctuaire de la Nanda Devi.
⊙ Massif du Garhwal, Inde britannique (Inde).

Pendant l'hiver 1933, l'explorateur britannique Eric Shipton tire des plans sur la comète. Dans les années 1920, il s'était forgé une réputation d'infatigable voyageur en parcourant les étendues inconnues du Kenya ou du Rwenzori, ces montagnes chères au Duc des Abruzzes[35]. Il réfléchit donc à une nouvelle destination et son choix se porte sur la région du Garhwal, coincée entre le Népal et le Cachemire, au Nord de l'Inde Britannique. Il est rejoint dans cette nouvelle aventure par son ami Bill Tillman, compagnon de ses précédentes pérégrinations africaines. A leurs côtés : trois porteurs sherpas rencontrés lors de l'expédition britannique à l'Everest[36] quelques mois plus tôt : Passang, Kusang et Angtharkay. L'équipée est étonnamment légère pour l'époque mais Shipton veut limiter les coûts et être rapide ! Quatre semaines de voyage leur sont nécessaires pour relier Londres à Calcutta puis finir par entrer au Garhwal.

Au cœur de cette région montagneuse, un sommet réputé comme le plus haut de l'Empire Britannique : la Nanda Devi, culminant à 7.816

---

[35] *Voir Chapitre 10* 📖 *Le Duc des Abruzzes au Chogolisa.*
[36] Expédition britannique de 1933.

mètres. Mais cette montagne a une spécificité. Elle est entourée par un cirque gigantesque culminant parfois à plus de 7.000 mètres, il rend périlleuse l'arrivée à son pied. Quelques cols à moins de 6.000 mètres semblent avoir été aperçus lors des précédentes explorations mais rien de très clair. Personne n'est arrivé à trouver un véritable point de passage. C'est pourtant l'objectif que se fixe Shipton : trouver un chemin qui leur permettra d'arriver les premiers au pied de la Nanda Devi.

Très vite, la pyramide sommitale de la Nanda Devi est visible. Son sommet principal et le second sommet[37]. Une arête de plusieurs kilomètres les relie. Mais au premier plan, des sommets semblent tout aussi imposants. Certains comme le Trisul au Sud ou l'Hardeol au Nord dépassent les 7.100 mètres.

De vallées en canyons, de plateaux en cols, ils marchent pendant plusieurs semaines. Ils finissent par établir un camp à 3.600 mètres au **confluent** de deux torrents face à des versants qu'ils pensent pouvoir franchir. Les tentatives sont nombreuses, par différentes voies. Ils tentent même de remonter par le lit de l'un des torrents, le Rishi Ganga. A force de persévérance, un passage est trouvé sur l'un des contreforts qui n'avait pas encore été exploré. Ils peuvent enfin basculer dans un nouvel univers à découvrir. Juin 1934, ils ont enfin trouvé la clé du sanctuaire de la Nanda Devi ! Ils sont les premiers à y pénétrer.

La vue qu'ils obtiennent alors de la Face Nord est saisissante. Les glaciers, les deux sommets distincts, la face abrupte. Lorsqu'ils observent cette montagne pour la première fois, Tillman et Shipton sont épatés. Jamais ils n'ont vu pareille paroi, ils l'estiment à près de 3.000 mètres[38]. L'ascension de cette montagne, la 23ème du monde, ne se fera pas par le Nord, prédisent-ils. C'est impossible ![39]

---

[37] Le sommet oriental culmine à 7.434 mètres d'altitude.
[38] Ils avaient une bonne vue, elle mesure approximativement 3.300 mètres de haut.
[39] Deux expéditions se sont depuis attaquées à la Face Nord en 1976 et 1981 avec succès.

Ils font un retour forcé de quelques semaines dans la vallée, au plus fort de la mousson, les gorges du Rishi Ganga étant devenues trop dangereuses. Ils explorent alors des villages dans lesquels aucun visiteur occidental ne s'était jamais rendu, puis ils se focalisent à nouveau sur la Nanda Devi. L'automne approche, ils n'ont plus beaucoup de temps pour peaufiner leur découverte, la mousson se calme un peu et le temps permet à nouveau leurs aventures en montagne. L'objectif est d'approcher la face Sud et d'y découvrir un itinéraire possible d'ascension. Dans le petit village de Mana, ils recrutent donc une quinzaine de porteurs pour gagner en autonomie et être capables d'aller encore plus loin dans leur prospection.

Ils prennent alors le chemin de leur première incursion. Pendant les semaines qui se sont écoulées, plusieurs éboulements ont considérablement altéré l'itinéraire mais fort heureusement, les principaux passages restent praticables. Quelques jours plus tard, ils parviennent du côté Sud. Mais bien trop près et bien trop bas, ils n'ont qu'une vision écrasante de la face. Impossible pour eux d'en déterminer la faisabilité. La seule chose qu'ils remarquent, c'est la quantité de rochers qui se disloquent et tombent dès que le soleil réchauffe la paroi. Une bande de roche sous l'arête sommitale rend toute une partie de la face impraticable au-delà d'une certaine température, ces avalanches sont trop dangereuses. Est-il seulement possible de grimper sur cette montagne ?

Avant de quitter les lieux, ils serpentent sur l'arête Sud de la Nanda Devi, bien décidés à avoir une meilleure vue sur le sud du Cirque. Ils font demi-tour vers 6.200 mètres mais estiment qu'il pourrait s'agir là de la voie la plus aisée pour atteindre le sommet.

Ils cherchent une issue pour quitter le Sanctuaire sans repasser par le Rishi Ganga et finissent par trouver un passage par le sud. Ils traversent ainsi le Col Ruttledge, du nom de Hugh Ruttledge. Cet explorateur britannique avait tenté d'entrer par ce passage dans le cirque deux ans plus tôt, en vain.

En 1936, Bill Tillman et Noel Odel[40] se joindront à une expédition anglo-américaine au Kangchenjunga. Le groupe finira par changer de cible pour la Nanda Devi. Grâce aux explorations menées par Shipton deux ans plus tôt, ils gagneront un temps précieux pour pénétrer dans le sanctuaire et approcher la face la plus propice à une ascension. Tillman et Odel parviendront au sommet le 29 août 1936. Jusqu'en 1950 et l'expédition à l'Annapurna[41], ce sommet restera le plus élevé jamais gravi par l'homme. Quelques semaines plus tard, de retour d'une expédition avortée à l'Everest, Eric Shipton retraversera le Sanctuaire. A ses côtés, un sherpa du nom de Tensing Norgay[42]. Le monde de l'himalayisme naissant est bien petit !

La Nanda Devi renferme bien d'autres secrets. En 1965, une expédition financée par la CIA installera un système permettant aux Etats-Unis de surveiller les activités militaires de la Chine. Ce dispositif d'un genre nouveau était alimenté par une pile à combustible nucléaire. L'appareil sera perdu dans une avalanche et le sanctuaire de la Nanda Devi sera alors fermé aux visiteurs pendant sept ans. Vraisemblablement pour des questions de radioactivité trop importante.

Dans les années 1980, la région sera classée en Parc National. L'ascension de la Nanda Devi (son sommet principal) ne sera désormais plus possible. Seul le second sommet demeurera accessible par le Sud. Quant à Shipton, il continuera ses aventures en montagne. Devenu consul général à Kashgar sur la route de la soie, il s'essaiera aux sommets d'Asie Centrale. Il sera ensuite écarté de l'expédition de 1953 à l'Everest, on lui préfèrera le docile Colonel John Hunt pour aller mener cette bataille contre l'Everest, que la Couronne britannique ne pouvait se permettre de perdre.

---

[40] Celui qui épaulait Mallory en 1924, voir *Chapitre 11* 📖 *George Mallory à l'Everest.*
[41] *Voir Chapitre 17* 📖 *Louis Lachenal à l'Annapurna.*
[42] *Voir Chapitre 19* 📖 *Edmund Hillary à l'Everest.*

13. Pierre Allain au Hidden Peak
la première expédition française - 1936

Première expédition nationale organisée par la France en Himalaya. A la veille du second conflit mondial, les hommes d'Henry de Ségogne vont tenter de planter le drapeau tricolore à 8.080 mètres.
⊙ Massif du Karakoram, Inde britannique (Pakistan).

C'est sous l'égide du Comité Français de l'Himalaya fraîchement créé[43] que se lance l'expédition française au Hidden Peak[44], dans l'actuel Pakistan. C'est la première du genre. Jamais les français n'ont organisé pareille aventure à cette échelle. Ils souhaitaient initialement partir pour le Népal, mais le Maharadjah refuse. Les expéditions britanniques s'étant vu attribuer les périodes de violent mauvais temps des années précédentes, les croyances des indigènes bloquent donc les chances d'une expédition française sur leur territoire. Qu'importe, ce sera quand même un sommet de plus de 8.000 mètres, mais pas au Népal !

Henry de Ségogne dirige l'expédition qui compte une dizaine d'hommes dont un médecin et un cinéaste. Parmi les alpinistes les plus aguerris : Pierre Allain. Ce Parisien s'est illustré les années précédentes dans les Alpes, notamment aux côtés de Raymond Leininger avec qui il ouvre la

---

[43] Créé en mai 1935, cette structure regroupe les sensibilités du Club Alpin Français et du Groupe de Haute Montagne. On trouve parmi ses membres Lucien Devies, Henry de Ségogne ou encore Jean Escarra. Le comité gère les différentes expéditions françaises en Himalaya. Celle au Hidden Peak en 1936 est la première, celle à l'Annapurna en 1950 la plus retentissante.
[44] Nommé aujourd'hui Gasherbrum I.

Face Nord du Petit Dru en 1935. Initié aux joies de l'escalade sur les rochers de la forêt de Fontainebleau, Allain passe ses étés du côté de Chamonix. Il est également connu pour ses inventions comme les duvets, les chaussons d'escalade ou les descendeurs de rappel. A l'époque de l'expédition, il vient d'ailleurs d'ouvrir à Paris une boutique où il vend ses inventions. Il est une pièce maîtresse de cette aventure.

Le 19 mars 1936, plusieurs tonnes de matériel et de vivres sont chargées à bord d'un navire amarré dans le port de Marseille. Direction les Indes via le canal de Suez. Puis une fois à terre, cap sur le Cachemire pour se rapprocher des montagnes du Karakoram. Un mois plus tard, la caravane quitte Srinagar. Elle compte quelques 600 porteurs dont des sherpas venus de Darjeeling. La marche d'approche s'étend sur près de 450 kilomètres. Une bonne partie de cet itinéraire est aujourd'hui remplacé par une route, y compris au Col Zojila, à plus de 3.000 mètres d'altitude où l'expédition affronte une véritable tempête de neige pour rejoindre la vallée de l'Indus. L'hiver semble s'attarder encore un peu.

Le 9 mai, les hommes pénètrent dans Skardu, aux portes du Karakoram. Le nombre de porteurs augmente pour faire face à la difficulté du terrain. Ponts de corde, torrents furieux, vents violents, sentiers vertigineux. Cette approche est déjà un véritable défi. Notamment quand se profile l'immense glacier du Baltoro. Les 700 porteurs se suivent, en file indienne, sur la glace. Ils souffrent durant ce long périple, seuls les plus chanceux disposent de chaussures. Les autres se contentent d'emballer leurs pieds dans des tissus de récupération. Enfin, le Pic caché, le Hidden Peak, va apparaitre aux yeux des membres de l'expédition. La plupart des porteurs n'auront pas cette chance. Dépourvus de lunettes de soleil, les semaines passées sur la neige et la glace du Baltoro les ont aveuglés pour quelques jours. Des sherpas quittent le camp de base avec eux pour les raccompagner jusqu'à leurs villages. Sans y voir, impossible de repartir sans aide.

Le 26 mai, le camp de base est officiellement érigé, à quelques 5.000 mètres d'altitude. Un camp de base avancé est installé quelques jours plus tard au pied de la voie rocheuse choisie par Henry de Ségogne. Un deuxième camp et bientôt un troisième sont en train de se monter. Des convois font des allers-retours pour équiper les bivouacs d'altitude. Un treuil est même mis en place au Camp II pour hisser les charges les plus lourdes. Hélas, le câble prévu n'est pas assez long ! Il faut donc continuer à monter matériel et vivres à dos d'hommes. Des cordes sont fixées dans les passages les plus délicats. Le camp III est aménagé à 6.000 mètres dans une zone peu propice à une installation confortable. Alors que les premiers repérages sont lancés en vue de l'établissement du quatrième camp, mi-juin, la mousson commence à faire des siennes. De faibles chutes de neige mettent la progression en pause. A la première éclaircie, les hommes de Ségogne montent à nouveau, Pierre Allain en tête. Le 21 juin, sa cordée atteint presque les 6.900 mètres. Un camp V est installé mais il est déjà trop tard. La mousson est bien là.

Les prévisions reçues par télégramme sont formelles, bien que vieilles de plusieurs semaines. Le mauvais temps s'installe pour l'été. Pierre Allain et son acolyte doivent redescendre, frustrés de ne pouvoir continuer. Le sommet est encore à plus de 1.000 mètres au-dessus de leur dernière position mais la plus grande partie des passages techniques est derrière eux. Avec une mousson un peu plus tardive, ils auraient peut-être eu une chance d'atteindre le premier 8.000 de l'histoire, quelques 14 ans avant l'expédition d'Herzog à l'Annapurna[45].

Mais il est impossible de continuer, les températures sont 20 degrés en dessous de zéro et la neige tombe sans discontinuer. Pourtant, les alpinistes stationnés à 6.000 mètres ne veulent pas se l'avouer. Alors que le chef d'expédition leur demande de descendre, ils veulent continuer, coûte que coûte. Le ton cordial devient ordre. Ségogne a le dernier mot, les camps d'altitude sont évacués. Il ne compte pas rentrer en France avec des morts sur la conscience.

Lors de la retraite, les rayons du soleil réchauffent la neige fraichement tombée. Les avalanches se multiplient. L'une d'elle emporte deux sherpas. Ils font une chute de près de 600 mètres. Par chance, ils survivent et sont vite pris en charge par le médecin de l'équipe. Malgré

---

[45] *Voir Chapitre 17* 📖 *Louis Lachenal à l'Annapurna.*

leurs multiples fractures et contusions, ils vivront ! Début juillet, les cordées sont de retour à la base, il est temps de repartir vers la France !

22 ans plus tard, une expédition américaine emmenée par Nicholas Clinch parviendra pour la première fois au sommet du Hidden Peak. Allain ne sera pas de l'expédition à l'Annapurna. Il continuera à grimper dans les Alpes. Après la guerre, il s'installera définitivement dans le Dauphiné pour fabriquer du matériel de montagne.

14. Riccardo Cassin au Piz Badile
quand deux cordées se rencontrent - 1937

Quand deux groupes de grimpeurs italiens se rejoignent pour s'attaquer à une terrible face du Piz Badile, c'est Riccardo Cassin qui est à la manœuvre et les surprises sont nombreuses.
⊙ Chaîne de la Bernina, Italie/Suisse.

Le 12 juillet 1937, Gino Esposito et Vittorio Ratti accompagnent Riccardo Cassin dans la chaîne de la Bernina, à la frontière entre la Lombardie (Italie) et le canton des Grisons (Suisse). Ils ont comme objectif le Piz Badile, un sommet de 3.308 mètres. Le versant italien, tout proche, n'est pas un défi à la hauteur de cette cordée. D'ailleurs, sa facilité d'accès lui a permis d'être conquis dès 1867, quelques 70 ans plus tôt. Non, Cassin et son équipe veulent se frotter au versant suisse. A la face nord, plus précisément nord-est. Des tentatives ont eu lieu mais personne n'a jamais ouvert cette voie. Son granit est tellement lisse que les prises sont rares. Et à plus forte raison si la pluie ou la neige viennent s'en mêler.

Alpiniste emblématique de l'entre-deux-guerres, l'Italien Riccardo Cassin a fait ses preuves dans les Dolomites. Deux ans avant cette virée au Piz Badile, il réalise la première de la face Nord de la Cima Ovest di Lavaredo, réputée imprenable. 600 mètres de face, en grande partie surplombante, avalés en quelques heures. Là où plus d'une vingtaine de cordées ont reculé avant lui, il réussit. Alors ce ne sont pas les 900 mètres de paroi de granit du Piz Badile qui vont le faire plier !

En ce début du mois de juillet, la cordée se repose à la Cabane Sciora, un petit refuge du versant suisse situé à un peu plus de 2.100 mètres d'altitude. Bon point de départ pour attaquer cette fameuse face. Deux autres Italiens font leur entrée dans la petite construction en pierres. Il s'agit de Mario Molteni et Giuseppe Valsecchi. Ils viennent de Côme dans un but évident : la face nord-est du Badile. Les hommes se connaissent ; il faut dire que les nouveaux arrivants ne sont pas non plus des débutants. Pour autant, quand ils entrent dans la cabane ce 12 juillet, ils ne sont pas en très grande forme. Un bivouac à la belle étoile la nuit précédente les a quelque peu usés. Ils ne sont pas très bien équipés et sont prêts à faire demi-tour. Mais croiser Cassin leur redonne espoir en cette entreprise incertaine.

Mercredi 14 juillet, les hommes semblent requinqués mais pas la météo. Quand la pluie se calme, Valsecchi et Molteni s'engagent les premiers dans la voie. Quelques heures plus tard, l'accalmie se confirmant, Cassin et ses deux acolytes partent à leur tour. Chaque cordée suit un tracé différent pour aboutir au même lieu de bivouac pour la nuit. Bien que partis avec trois heures de retard, c'est Cassin, Esposito et Ratti qui arrivent en tête. Nouvelle démonstration du niveau disparate des deux équipes.

Le jeudi, Molteni et Valsecchi ne pensent plus pouvoir progresser seuls. Ils proposent au premier groupe de faire cordée commune. Ricardo Cassin hésite mais finit par accepter. Le groupe de 5 hommes progresse donc, emmené par Cassin qui avance à une vitesse soutenue. Soudain, un rocher de bonne taille dégringole le long de la paroi, il manque de décimer une partie de la cordée mais plus de peur que de mal. Les hommes sont secoués mais seul Mario Molteni a été touché. Son sac à dos à été emporté par la fameuse pierre. Le stock de vivres se réduit et il n'a plus de vêtements chauds. Arrivés sur le lieu du second bivouac, l'heure n'est pas à la fête. D'autant que la météo revient compliquer la partie. En quelques minutes, le ciel s'est assombri et les premières gouttes d'eau se sont abattues sur le Badile. Une fois que tout le monde est bien trempé, les nuages laissent la place à un beau ciel étoilé. Mais personne ne se réjouit. Un ciel sans nuage est synonyme de froid plus intense. Et à près de 3.000 mètres d'altitude après un bel orage, les températures sont vite proches de zéro.

Sans ses vêtements chauds, Molteni souffre le martyre. Valsecchi n'est pas beaucoup mieux. Cette deuxième journée à suive Cassin les a lessivés. Pourtant, après une courte nuit, il faut repartir. Il faut continuer. Il faut atteindre ce satané sommet. A la mi-journée, le temps se dégrade à nouveau. Et aux difficultés toujours très sérieuses de la paroi, s'ajoutent les tourments de la météo : la neige redouble à mesure qu'ils approchent de la cime.

Vers 16 heures, Cassin parvient enfin au sommet. La suite doit être plus facile. La descente par le versant italien est beaucoup plus aisée, ils doivent pouvoir s'en tirer ! Mais le manque de visibilité et le froid ne leur laissent aucun répit. C'est beaucoup trop dur. La fatigue des jours précédents ne pardonne pas les moins résistants. A la fin de la montée ou au début de la descente, Molteni et Valsecchi s'écroulent. Morts d'épuisement alors que le reste de la cordée s'attelait à les aider. Les récits de l'ascension divergent quant au moment exact de la mort des deux Italiens. Il semble que Molteni soit mort le premier, très diminué par ce deuxième bivouac dans le froid. Valsecchi n'a pas tardé à le rejoindre.

Les deux corps sont laissés sur la voie et les trois autres continuent leur parcours, loin d'être tirés d'affaire. Un ultime bivouac est nécessaire dans la descente. Ce n'est donc que le samedi que Cassin est de retour au refuge, sain et sauf.

Malgré cette fin tragique, Cassin vient d'ouvrir la voie qui porte aujourd'hui son nom sur les pentes du Piz Badile. Une sacrée réussite. En 1952, c'est Hermann Buhl[46] qui viendra se frotter à la voie Cassin. Aux 4 jours nécessaires à l'ouverture, il ripostera avec un insolent chronomètre arrêté à 4h30.

---

[46] *Voir Chapitre 20 📖 Hermann Buhl au Nanga Parbat.*

De son côté, Riccardo Cassin continuera à faire parler de lui, avec notamment sa première de l'Eperon Walker des Grandes Jorasses. Il participera à plusieurs expéditions italiennes : au Gasherbrum IV avec Walter Bonatti[47] ou encore au Denali (Alaska). Il reviendra même à l'aube de ses 80 ans sur cette terrible face nord-est du Piz Badile.

---

[47] *Voir Chapitre 22* 📖 *Walter Bonatti au Petit Dru.*

15. Anderl Heckmair à l'Eiger
les félicitations d'Adolf - 1938

Allégorie géopolitique de la situation européenne, une cordée allemande va affronter une cordée autrichienne sur les pentes de l'Eiger, scrutées par un certain Adolf Hitler.
⊙ Alpes bernoises, Suisse.

En 1938, le monde est suspendu aux agissements sans limites de l'Allemagne nazie. En février, Adolf Hitler a envahi l'Autriche. La puissance d'Outre-Rhin se matérialise sur tous les plans. Pendant l'été, deux cordées se présentent au pied de l'indomptée face Nord de l'Eiger, au cœur des Alpes Bernoises. Deux grimpeurs autrichiens, Fritz Kasparek et Heinrich Harrer ainsi que deux alpinistes allemands, Ludwig Vörg et Anderl Heckmair. Inutile de préciser qu'il serait vu d'un assez mauvais œil par Berlin que des Autrichiens coupent l'herbe sous les pieds d'une cordée allemande. L'inverse serait en revanche une parfaite illustration de la pertinence de l'annexion récente de l'Autriche par le régime national-socialiste.

En cette fin du mois de Juillet, Heckmair et Vörg arrivent à leur premier bivouac. Hélas, ils ne sont pas seuls, ils y rencontrent deux autres cordées. Des Autrichiens. Pour ne pas prendre de risques inutiles sur une paroi sur-fréquentée, ils préfèrent faire demi-tour. Quelques heures plus tard, en les observant à la longue vue, les Allemands se rendent compte qu'une des deux autres cordées vient de jeter l'éponge. Alors que ces deux grimpeurs abandonnent, Heckmair et Vörg saisissent l'occasion et repartent vers la face. Il n'y a plus que deux groupes en présence : un allemand et un autrichien. De l'hôtel Scheidegg, au pied de l'Eiger, les touristes observent l'ascension au télescope, en direct !

Les Allemands ont tôt fait de rattraper les Viennois. La tension est palpable. Mais sur la montagne, la rivalité ne dure pas vraiment. Les deux cordées le comprennent vite. Si elles veulent réussir, elles auront plus de chance ensemble que séparément. Alors elles unissent leurs forces, une partie des charges d'Heckmair est répartie sur les trois autres alpinistes. Heckmair est le plus fort, il doit pouvoir grimper en tête, le sac léger !

Grâce à ses crampons dernière génération, Heckmair est très efficace dans les passages en glace. Ses compagnons sont impressionnés par sa maîtrise. Dans les pentes les plus délicates, il chute à plusieurs reprises. A chaque fois, il revient sur la paroi, vexé de n'avoir pas réussi du premier coup. Et il passe. L'une des chutes se termine sur les mains de Vörg. Un crampon tout neuf sur une main, de quoi faire hurler de douleur le jeune Allemand.

Après un névé à plus de 50°, ils remontent une rampe très scabreuse et trouvent un nouveau lieu de bivouac. A ce stade, ils ont dépassé le record d'altitude de toutes les précédentes tentatives. Et mieux encore, contrairement à presque tous leurs prédécesseurs, ils sont tous en vie. A ce stade, à tout le moins.

Le lendemain, à une quinzaine de longueurs du sommet, le groupe pénètre dans l'Araignée Blanche, un petit névé particulièrement exposé aux chutes de pierres. C'est à ce moment-là qu'ils font face à une dramatique dégradation du temps. La tempête se lève et ils échappent miraculeusement à plusieurs avalanches. Lors de l'une d'elles, Heckmair ne doit son salut qu'à la solidité de Vörg qui le rattrape in-extremis. Ils trouvent alors une vire un peu abritée pour un nouveau bivouac.

Malade à cause d'une boite de sardines avariées, Anderl risque fort de ne pouvoir continuer. Et toute retraite sur cette face serait très risquée.

C'est en redescendant que Tony Kurz[48] est mort dans cette même voie deux ans plus tôt. Pourtant, le lendemain matin, il se sent suffisamment en forme pour reprendre la tête du groupe et le guider dans les dernières longueurs. Le temps ne s'est pas amélioré mais malgré le brouillard, ils parviennent tous les quatre au sommet. En ce 24 juillet 1938, une nouvelle page de l'alpinisme moderne vient de s'écrire. La face Nord de l'Eiger et ses quelques 1.700 mètres de dénivelé vient d'être conquise. Après les Grandes Jorasses et le Cervin quelques années plus tôt, un des derniers grands problèmes des Alpes n'est plus.

De retour dans la vallée, la foule acclame les alpinistes. Et alors qu'Heckmair prépare son sac pour partir à Chamonix s'essayer à un autre sommet, il reçoit un télégramme. Il va devoir changer ses plans. Le führer, Adolf Hitler, le félicite et organise une séance photo à Breslau. Ne manquant aucune occasion d'alimenter la propagande du Reich, une parade est organisée et Heckmair n'a d'autre choix que de concéder un salut nazi à la foule amassée qui scande des « Heil Hitler ».

Mobilisé, Vörg périra trois ans plus tard sur le front de l'Est, lors de l'opération Barbarossa, visant à envahir l'URSS. Les autres auront plus de chance. Un peu plus de chance. Tous deux membres du parti nazi, Kasparek et Harrer ne combattent pas pendant la guerre. Kasparek disparaitra seize ans plus tard pendant une ascension du Salcantay, un sommet du Pérou. Harrer, lui, devra plus tard rendre des comptes sur son engagement pour le parti nazi. En attendant, après une évasion d'un camp indien où il sera retenu après la guerre, il passera sept années au Tibet. C'est son rôle que jouera Brad Pitt dans le film Sept ans au Tibet, non sans susciter une polémique sur ce personnage de héros dont on ignorait l'obscur passé.

Anderl Heckmair, lui, n'adhèrera pas au parti nazi. Après-guerre, il participera à plusieurs expéditions notamment dans la Cordillera Blanca au Pérou ou en Himalaya.

---

[48] Tony Kurz n'est pas le seul à être mort pendant cette retraite forcée en face nord de l'Eiger, mi-juillet 1936. Ses compagnons de cordée Hinterstoisser, Angerer et Rainer sont morts également. Une épopée tragique pour ces 4 Allemands.

50 ascensions...

Expéditions d'après-guerre, victoires himalayennes et escalade artificielle

Sitôt la seconde guerre mondiale terminée, le projecteur fut braqué sur l'Himalaya. Les expéditions s'enchainèrent sur les sommets les plus hauts du monde. Des réussites magistrales succédèrent à de nombreuses tentatives. Petit à petit, certains grimpeurs devinrent de véritables superstars de la montagne à l'image de Reinhold Messner ou, dans un autre style, de Walter Bonatti. Les techniques et les matériels évoluèrent, permettant de repousser toujours un peu plus loin les possibilités.

50 ascensions...

16. Fred Beckey au Pouce du Diable
un emmerdeur en baskets - 1946

Aventure aux confins de l'Alaska avec Fred Beckey dans le rôle principal et des sommets jamais gravis comme décor. Le jeune américain va-t-il affronter le Diable ?
⊙ Frontière Alaska (USA) et Colombie-Britannique (Canada).

Friedrich Wolfgang Beckey n'a que deux ans lorsque sa famille émigre à Seattle (Etats-Unis). Venu d'Allemagne, il grandit assez seul et se tourne vers l'escalade dès l'adolescence. C'est sur les parois de granit du parc des North Cascades qu'il réalise ses premières voies de haut niveau. Et en 1946, il passe à la difficulté supérieure.

Avec deux amis – Fritz Wiessner et Donald Brown – il met le cap sur la Colombie Britannique. Un bateau à fond plat en route pour Telegraph Creek les dépose sur les bords de la Pristine River, au niveau du glacier Flood, à quelques kilomètres de la frontière avec l'Alaska. Ils entament alors leur marche d'approche en transportant vivres et matériels à travers une épaisse forêt d'épicéas. Le lendemain, ils doivent traverser une rivière si profonde qu'ils sortent les cordes des sacs. Ils y parviennent mais la joie est de courte durée puisque quelques heures suffisent à Wiessner pour se faire une entorse au genou, en glissant sur une plaque de mousse : ils sont alors à plus de 20 km du fleuve. Le trio fait demi-tour et le trajet retour est très pénible, Wiessner étant incapable d'avancer par ses propres moyens. Ils sont très lents et n'ont qu'une peur : se retrouver face à un ours. Pour autant, Beckey ne s'avoue pas vaincu. Avant de revenir en arrière, il a caché du matériel et de la nourriture. Ils comptent bien les retrouver plus tard dans l'été. D'ici-là, il redescend à Wrangell pour joindre une nouvelle équipe.

C'est Bob Craig et Clifford Schmidtke qui se hâtent de se rendre disponibles. Craig est guide au Mont Rainier, le volcan qui surplombe l'Etat de Washington. Schmidtke est un ancien instructeur militaire.

Beckey et ses deux acolytes reviennent par bateau sur la Pristine River. Ils serpentent à travers la forêt jusqu'à la cache de Beckey mais il ne reste que le matériel. Les vivres ont été pillés par des chèvres sauvages et des lagopèdes. Décidemment le sort s'acharne. Alors ils ne foncent pas directement sur le Devils Thumb – le Pouce du Diable – ils se font d'abord la main sur Kates Needle. Un sommet de 3.000m, encore invaincu, à la frontière entre le Canada et l'Alaska. Ils y progressent d'abord à skis. En arrivant sous la face Nord, ils découvrent sa verticalité mais surtout les fréquentes avalanches et les séracs très menaçants. Ils choisissent une autre voie, plus sûre mais plus longue. Et dès que le temps se dégage, ils partent à l'assaut de la montagne. Dans plusieurs passages, la neige leur arrive jusqu'aux genoux. Une rimaye à traverser au pied d'un couloir d'avalanche vertigineux les fait douter de la soi-disant sécurité de cet itinéraire. Quelques pentes à 50 et 60° plus tard, les voilà au sommet ! Vingt-deux heures leur suffisent pour cet aller-retour. C'est un premier succès ! Kates Needle n'avait jamais été gravie.

Après quelques jours de mauvais temps, ils arrivent sur les pentes du Devils Thumb. Son altitude n'a rien d'impressionnant : 2.767 mètres seulement. A trois mètres près, c'est le Col de l'Iseran. Enfin, sans la route, et avec des voies d'accès sacrément épiques. Sa face nord-ouest présente quelques 2.000 mètres de verticale, avec des passages qui frôlent les 70° d'inclinaison. C'est une des parois les plus hautes d'Amérique du Nord. Plusieurs cordées sont mortes en voulant arriver au sommet, notamment à cause de la météo changeante. Ce n'est donc pas dans une escalade du dimanche que se lance ce trio d'Américains en ce premier été d'après-guerre.

Une apparition du soleil leur donne le feu vert et ils s'élancent sur la face sud-est. Hélas, ils ne tardent pas à déchanter : la tempête les surprend et continuer l'ascension devient beaucoup trop dangereux. Ils redescendent. Ils restent plusieurs jours à l'abri de leur tente mais ce n'est pas de tout repos. La tempête est telle que la Pristine River est en crue. Leur campement, au niveau de la rivière, prend l'eau. Ils passent leurs journées et leurs nuits à écoper !

Trois jours avant leur bateau retour, ils sentent la chance revenir. Au petit matin, le ciel est dégagé. Ils se décident alors à réattaquer, la fin de leurs vacances approche, ce serait trop bête de passer à côté d'une dernière opportunité. Ils démarrent la nuit venue, à la lueur de leur lampe, et retrouvent leurs marques. Ils suivent leur itinéraire sur la face sud-est puis l'arête est. Au bout d'une dizaine d'heures d'une grimpe très technique, ils sont au sommet ! Ils viennent de réaliser une grande première.

Mais ils ont froid aux pieds, il faut dire qu'avec leur budget serré, ils n'ont pas beaucoup de matériel. De simples baskets leur ont suffi pour réaliser l'ascension. Ils ne restent pas bien longtemps au sommet, il faut se dépêcher de regagner la rivière, il n'y a pas plus d'un bateau par semaine, mieux vaut ne pas le rater.

Cette ascension placera sans conteste Fred Beckey comme l'un des grimpeurs les plus talentueux de sa génération. En 1955, il se retrouvera sous la tente d'un camp d'altitude du Lhotse, au Népal. Victime d'un œdème à 7.000 mètres, il ne devra son salut qu'à lui-même, descendant tout seul à plus basse altitude. Son tempérament trop libre – d'aucun dirait que c'était un sacré emmerdeur – lui vaudra de ne pas être sélectionné pour l'expédition américaine à l'Everest en 1963. Vexé que le « débutant » Jim Whittaker soit le premier Américain sur le toit du monde à sa place, il enchainera de nombreuses premières, comme pour prouver au monde qu'il valait bien un Whittaker. Il ne cessera de grimper sur des sommets d'envergure qu'au milieu des années 1990.

17. Louis Lachenal à l'Annapurna
le premier 8.000 de l'histoire - 1950

Grande réussite de la France en Himalaya, l'expédition à l'Annapurna a fait le tour du monde. Le chef d'expédition, Maurice Herzog, occupe bien souvent le devant de l'affiche.
⊙ Massif des Annapurna, Népal.

En pleine guerre froide, les grandes puissances de ce monde trouvent de nouveaux terrains d'affrontement. Comment démontrer la supériorité de sa nation ? En lui faisant réaliser des exploits historiques. Dans les années 1950, une série d'expéditions va être organisée en direction des plus haut sommets de la planète, alors vierges de toute ascension humaine. Et les réussites vont se succéder. Allemands et Autrichiens au Nanga Parbat, Anglais à l'Everest, Américains au Hidden Peak[49] et Français : à l'Annapurna. Enfin pas exactement. Début 1950, une expédition française part dans l'Himalaya. L'objectif est un « 8.000 » : le Dhaulagiri ! Pour boucler le budget, un peu trop serré par l'Etat, des « sponsors » s'ajoutent et une souscription nationale est même lancée.

Le 30 mars 1950, un avion quitte donc le tarmac d'Orly avec à son bord une équipe française composée de quelques-uns des plus grands grimpeurs du moment. Sous la direction de Maurice Herzog, on trouve effectivement Louis Lachenal, Jean Couzy, Gaston Rebuffat ou encore Lionel Terray (*Voir Chapitre 18 📖 Lionel Terray au Fitz Roy*). Le voyage

---

[49] le Hidden Peak est également connu sous le nom de Gasherbrum I ou K5. *Voir Chapitre 13 📖 Pierre Allain au Hidden Peak*.

jusqu'au Népal est long. Paris, Rome, Le Caire, Karachi, New Delhi en avion. Puis en train sur près de 1.000 kilomètres à travers le Nord de l'Inde. Enfin un camion leur permet de traverser la frontière. Les voici au Népal. Ils commencent à marcher dès le lendemain. Nous sommes le 6 avril.

A la fin du mois, un camp a été monté. Et les reconnaissances peuvent commencer sur les pentes du Dhaulagiri[50] (8.167 mètres) ! Mi-mai la décision est prise d'abandonner ce sommet, considéré comme trop dangereux. Toutes ces journées passées à apprivoiser cette montagne pour finalement lui préférer l'Annapurna (8.091 mètres) tout proche.

Paradoxalement, cette nouvelle cible n'est pas plus facile d'accès. Mais le groupe s'y sent mieux. Vers le 28 mai, ils ont été très efficaces. Les sherpas ont aidé à l'installation d'un camp à plus de 7.000 mètres d'altitude. Le 1er juin, Louis Lachenal et Maurice Herzog montent jusqu'à ce camp. Lachenal part devant avec un sherpa pour avancer encore un peu. Un autre camp est finalement dressé vers 7.400 mètres ; Herzog le rejoint et ils y passent une nuit très ventée. Le lendemain, la progression est très lente mais ils parviennent à dresser un autre camp un peu plus haut. La nuit est dure, à tout moment la tente risque d'être soufflée par le vent. Si la toile vient à se déchirer, la survie des grimpeurs sera immédiatement mise à mal. Sans abri, en pleine nuit, par une telle tempête, ils sont condamnés. Les somnifères sont alors d'une grande aide pour se reposer. Hélas, la médecine n'a pas encore établi leur effet sur la circulation sanguine. En la ralentissant, ils exposent très sérieusement les alpinistes aux gelures.

Au « réveil », ils n'ont même pas le courage d'allumer le réchaud pour démarrer la journée un peu moins frigorifiés. Lachenal s'arrête pour frictionner ses pieds, il sent qu'ils sont en train de geler. Il pense à faire demi-tour mais Herzog, déterminé, veut continuer. Alors il le suit. Il avouera plus tard qu'il lui semblait impensable de laisser son chef d'expédition continuer seul. Au bout de longues et pénibles heures de

---

[50] Le Dhaulagiri devra patienter jusqu'en 1960 pour qu'une expédition suisse parvienne à son sommet.

montée, ils parviennent enfin au sommet. Il est 14h. Photos, drapeau français. Euphorie pour l'un, soulagement pour l'autre.

Maintenant que l'Annapurna est vaincu, il ne faut pas trainer. Lachenal s'engage sur le trajet retour, Herzog profite encore un peu du sommet. Dans la descente, le guide Lachenal glisse et chute sur plusieurs dizaines de mètres. Il perd au passage ses gants et son bonnet. Lionel Terray, arrivé entre temps, l'aide à remonter jusqu'au dernier camp pour s'abriter. Pendant ce temps, Gaston Rebuffat s'occupe d'Herzog et de ses extrémités gelées. Déshydratés, la circulation sanguine ralentie dans les pieds à cause des lanières des crampons qui comprimaient le cuir des chaussures, les grimpeurs étaient une proie facile pour les gelures d'altitude, encore peu étudiées à l'époque.

Le 4 juin, la descente est dramatique. La neige fraichement tombée a effacé les traces et le groupe se perd. Ils finissent la journée dans une petite crevasse pour y improviser un bivouac de fortune. Au petit matin, une avalanche de poudreuse finit de remplir la crevasse. Les quatre hommes sortent avec difficulté. Lachenal marche un temps en chaussettes avant que ses chaussures ne soient sorties de sous la neige. Mais c'est le seul à ne pas souffrir d'ophtalmie des neiges, le seul à ne pas être aveuglé. Il arrive alors à apercevoir une tente ! Victoire ! En fin de journée, tout le monde est au Camp II. Presque sains et presque saufs.

Ce n'est que le 11 juin que l'évacuation des blessés va vraiment commencer, à travers les rizières du Népal. Au fil de cette épopée retour, les pieds et mains gelés se décomposent. Et le médecin de l'expédition ampute les orteils un à un, dans des conditions très dures. Le 17 juillet, c'est l'arrivée à Paris. Herzog sort de l'avion le premier, pieds et mains pansés. Plus loin Lionel Terray porte dans ses bras Louis Lachenal. C'est un véritable événement et ce sont des héros nationaux qui débarquent à Orly en ce mois de juillet 1950. Car cette expédition aux accents nationalistes a porté haut les couleurs de la France. Première conquête d'un sommet de plus de 8.000 mètres de l'histoire de l'humanité. Ce n'est pas rien !

A leur retour, le chef d'expédition Maurice Herzog va occuper le devant de la scène. Il enchaine les conférences, remplissant des dizaines de fois la Salle Pleyel de spectateurs enthousiasmés. Et par la même occasion, ces présentations vont renflouer les caisses du Comité de l'Himalaya qui allait pouvoir songer à lancer de nouvelles expéditions, les soucis financiers en moins. Louis Lachenal est en retrait à cette époque. Bien souvent le succès de l'Annapurna n'est résumé que par un nom : Herzog. Dans le Paris-Match de mi-février 1951 consacré au film de l'expédition à l'Annapurna, le nom de Lachenal n'est même pas cité. Ajoutée à ces membres abimés, la mise à l'écart dont il se sent victime, ne va pas aider Louis Lachenal à remonter la pente. Déprimé, il mettra plusieurs années à retourner en montagne. Il y reviendra pourtant à partir de 1955, notamment avec... Maurice Herzog. Sans rancune.

Quelques semaines plus tard, il descendra à ski la Vallée Blanche en direction du Montenvers. Il glissera dans une crevasse du glacier. Jean-Pierre Payot qui l'accompagnait remontera en quelques heures, à la nuit tombée, jusqu'à la gare d'arrivée de l'Aiguille du Midi. Les secours appelés seront là rapidement et organiseront le sauvetage. Jean Farini, qui descendra dans la crevasse, trouvera le corps sans vie de Lachenal, à presque trente mètres de profondeur. La nuque brisée dans sa chute. Il aurait eu 35 ans l'été suivant.

Le récit héroïque de l'épopée française à l'Annapurna sera quelque peu égratigné après la mort de Louis Lachenal. La version « officielle », servie par un Maurice Herzog grand communicant et mégalomane[51] sera quelque peu nuancée. Pour planter le drapeau français au sommet, Maurice Herzog n'aura pas hésité à sacrifier son propre corps et celui de son compagnon de cordée.

Cette épopée aura lancé Herzog dans une grande carrière politique. Il sera par la suite Secrétaire d'Etat de De Gaulle, député puis maire de Chamonix. Les autres alpinistes de l'expédition, quant à eux,

---

[51] « Mégalomane », le terme est utilisé par la fille de Maurice Herzog, Félicité, dans *Un héros*, paru aux Editions Grasset en 2012.

continueront de brillantes carrières. Couzy s'illustrera au Makalu[52], Terray au Fitz Roy[53], Rebuffat en Face Sud de l'Aiguille du Midi.

---

[52] *Voir Chapitre 43* 📖 *Jean-Christophe Lafaille au Makalu.*
[53] *Voir Chapitre 18* 📖 *Lionel Terray au Fitz Roy.*

18. Lionel Terray au Fitz Roy
la conquête sud-américaine - 1952

En pleine guerre froide, les Français s'attaquent aux sommets de l'Argentine de Perón. C'est sans compter sur le climat terrible de l'été austral de l'extrême sud de l'Amérique.
⊙ Patagonie, Argentine.

1951. Courant novembre, un avion militaire américain est abattu au large de Vladivostok. Les combats sont violents en cette deuxième année de la guerre de Corée, une des manifestations concrètes de cette guerre froide qui s'installe alors pour près d'un demi-siècle. A mille lieux de ce contexte international chahuté, une expédition française commence, en direction des sommets de Patagonie. Une petite équipe quitte Buenos Aires en décembre, aux prémices de l'été austral, bien décidée à rejoindre la Cordillère des Andes. On y trouve notamment Guido Magnone, Jacques Poincenot ou René Ferlet : de grands techniciens du rocher formés à l'école de Fontainebleau. Ou encore Lionel Terray, alpiniste de talent rentré de la première française à l'Annapurna un an plus tôt.

Dans l'Argentine de Perón, la joyeuse troupe prend le chemin du village d'El Chalten[54]. A l'époque, seules quelques estancias se partagent les plaines de Patagonie. C'est ainsi qu'ils font la connaissance d'Andreas Madsen, un émigré danois qui règne alors sur cette région proche de la

---

[54] Ou plutôt de ce qui deviendra près de trente ans plus tard le village d'El Chalten.

frontière chilienne. Incontournable, ils doivent traverser son exploitation, non sans récolter ses recommandations sur les montagnes environnantes. Pour Madsen, c'est pactiser avec le diable que de s'aventurer au-delà d'une certaine limite. Quand ils évoquent le Fitz Roy, le fermier ferme les yeux « Vous ne passerez pas ! ». Coïncidence ou malédiction ? Quelques jours plus tard, Jacques Poincenot est emporté par la crue de la rivière Fitz Roy, sous les yeux de Lionel Terray. Si certaines versions de l'aventure évoquent plutôt une altercation mortelle avec un fermier jaloux, le résultat est le même : Poincenot ne verra jamais les pentes du Fitz Roy. Encore moins celles de l'aiguille qui porte aujourd'hui son nom dans le massif.

Après quelques jours d'approche, et durement affectés par la disparition d'un des leurs, les hommes installent leur camp de base près du Rio Blanco. Ils découvrent alors le temps épouvantable qui peut régner sur la Patagonie, même en plein été. Notamment des vents terribles, frôlant les 200 km/h. En quelques jours, à la manière des lourdes expéditions himalayennes, ils installent plusieurs camps d'altitude. Les tentes rapportées de l'Annapurna ne font pas le poids face aux vents extrêmes qui balaient ces sommets sud-américains. Ils doivent se résoudre à les planter dans des grottes creusées à même la neige.

Le 31 janvier, le beau temps fait enfin son retour sur le monolithe de granit. Magnone et Terray sont prêts, depuis le dernier camp, à se lancer dans leur tentative vers le sommet. En une journée, ils ne parviennent à équiper qu'une petite partie de la voie. Le rocher du Fitz Roy ne se laisse pas dompter si simplement. Ils rentrent au camp de base, découragés. Le lendemain, une nouvelle attaque les conduit à un petit bivouac. Le jour suivant, quand le mauvais temps vient s'ajouter aux difficultés de la paroi : l'expérimenté Terray pense à faire demi-tour. Mais Magnone ne veut rien entendre et arrive à convaincre son compagnon de cordée qu'ils peuvent y arriver. Dans les dernières longueurs de la montée, ils sont à cours de matériel. Il manque un piton très fin. Magnone, en tête, enrage. Sans ce clou, ils ne peuvent aller plus loin. Quand Terray se souvient qu'ils ont utilisé une petite pièce de métal pour ouvrir une boite de sardines au bivouac, l'espoir refait surface. Il le retrouve au fond de son sac à dos. Miracle ! Grâce à ce petit bout de fer, la cordée parvient à couvrir les dernières longueurs. Le 2 février à 16h40, ils foulent les rochers du sommet, couronnant ainsi plusieurs longues semaines d'expédition !

Pièce maitresse de cette première ascension au Fitz Roy, Lionel Terray ne va pas en rester là. Son rôle d'homme de l'ombre durant l'expédition à l'Annapurna en 1950 va laisser place quelques années plus tard à celui de premier de cordée. En 1955, il est le premier homme (avec Jean Couzy) à gravir le Makalu, cinquième plus haut sommet du monde (8.485m). Magnone est aussi de la partie. Enfin en 1962, il réalise la première ascension du Jannu (7.710m) dans l'Est du Népal. Trois ans plus tard, sa carrière s'arrêtera. Il dévissera dans le Vercors quelques semaines avant de fêter son 45ème anniversaire. Il sera enterré à Chamonix, capitale mondiale de l'alpinisme, il y était instructeur à l'Ecole Militaire de Haute Montagne. Il est l'auteur de « Les Conquérants de l'Inutile », son autobiographie, devenue un grand classique de la littérature de montagne.

19. Edmund Hillary à l'Everest

un néo-zélandais au sommet - 1953

> Un apiculteur néo-zélandais et un sherpa deviennent des superstars alors que la Reine Elisabeth II est couronnée. Les Britanniques affirment leur puissance dans l'Himalaya.
> ⊙ Massif de l'Everest, Népal.

Juin 1950, les Français sont au sommet de l'Annapurna. Les Britanniques, qui se voient bien en inventeurs de l'alpinisme, ne peuvent en rester là. Ils auront leur « 8.000 », et pas n'importe lequel. Ils ciblent le premier, le plus haut, le plus connu. L'Everest. 8.848 mètres. Mais ils ne sont pas seuls. En 1952, une expédition suisse fait demi-tour quelques centaines de mètres sous le sommet. Le Népal n'autorise pas plus d'une expédition par an. Si les Anglais échouent, ils ne pourront pas retenter de sitôt. L'année suivante, les Français prendront leur place, et les Suisses prévoient de revenir en 1955. C'est maintenant ou jamais !

Les préparatifs sont chaotiques. Des rivalités doublées d'incompréhensions finissent par écarter Eric Shipton[55]. Il avait pourtant mené à bien la reconnaissance de 1951 mais il manque cruellement de soutiens au sein du « Comité de l'Himalaya » en charge de l'organisation de ces expéditions britanniques. Il est donc remplacé par un personnage bien différent, un colonel du nom de John Hunt. Parmi les grimpeurs, les sentiments sont mitigés. Ils sont nombreux à regretter Shipton, à

---

[55] *Voir Chapitre 12 📖 Eric Shipton à la Nanda Devi.*

commencer par Edmund Hillary, un néo-zélandais. Shipton doit même intervenir à plusieurs reprises pour faire changer d'avis certains participants qui menacent d'abandonner. Hunt n'est pourtant pas un débutant. Dans les années 1950, alors qu'il est stationné en France, il intègre le Groupe de Haute Montagne[56]. Du reste, il fait assez vite ses preuves et les alpinistes de l'expédition oublient vite Shipton.

Les 10 et 11 mars 1953, deux convois quittent Katmandou. Contrairement à l'expédition de 1924 qui avait foulé les pentes tibétaines[57], c'est par le versant népalais que se déroule cette nouvelle tentative. Près de 360 porteurs, plus de sept tonnes de matériel. La marche d'approche n'est pas très difficile, elle est riche en paysages grandioses. Hunt lui-même, qui découvre la région, est fasciné par ces montagnes. En quelques semaines, ils sont au pied de la Cascade de Glace, l'immense Glacier du Khumbu. Le camp de base est ainsi monté dans la première quinzaine d'avril.

Le 25 avril, les hommes de Hunt viennent à bout de la première partie de l'ascension, ils dépassent enfin la Cascade de Glace, à l'endroit même où la reconnaissance de Shipton s'était arrêtée deux ans plus tôt. Ils installent leur camp de base avancé un peu plus haut, dans la Combe Ouest, et les porteurs entament une noria de charges pour alimenter ce nouveau campement.

Dans les premiers jours de mai, ils sont sur la face du Lhotse et atteignent les 7.000 mètres. Ils testent de nouveaux systèmes de bouteilles à oxygène. Lourds et encombrants, ils ne sont pas immédiatement adoptés, loin de là. Trois semaines plus tard, laborieusement, le Col Sud est atteint. Ce replat reliant les sommets du Lhotse et de l'Everest marque la dernière partie de l'ascension et l'entrée dans la zone des 8.000, tristement baptisée « zone de la

---

[56] GHM : Groupe d'élite de l'alpinisme français. Quelques-uns de ses membres seront sélectionnés pour la plupart des grandes expéditions françaises : Annapurna, Makalu, Jannu… Lionel Terray, Guido Magnone, Jean Couzy en faisaient partie.
[57] Voir Chapitre 19 📖 Edmund Hillary à l'Everest.

mort[58] ». Beaucoup d'énergie a été dépensée pour arriver jusque là et la bonne entente du groupe a plusieurs fois vacillé.

Le 26 mai, Hunt déclenche le premier assaut vers le sommet. Il désigne Charles Evans et Tom Bourdillon. Le premier est de Liverpool, le second est londonien. Deux Anglais, pour hisser le drapeau britannique au sommet de l'Everest. C'est du moins le plan. Ils atteignent le sommet Sud à un peu plus de 8.700 mètres mais doivent faire demi-tour, l'appareil à oxygène d'Evans semble défectueux. Pendant un temps, Bourdillon pense continuer seul mais il n'a pas vraiment confiance dans ces bouteilles et accepte de descendre avec Evans. Ce demi-tour est déjà une première réussite, ils ont dépassé le record des Suisses de l'année précédente. Ils sont pour quelques heures, les hommes les plus hauts de l'Histoire. Mais à quel prix, le retour est terrible, Bourdillon manque d'y rester. Son évacuation vers les camps inférieurs mobilise la précieuse énergie d'autres grimpeurs.

Quelques heures après leur retour au Col Sud, c'est au tour du sherpa Tensing Norgay et de son compagnon de cordée Ed Hillary de faire une tentative. Ils gravissent peu à peu l'arête qui mène au sommet. Un dernier camp est installé aux alentours de 8.400 mètres. La cordée qui vient de l'approvisionner redescend. La nuit n'est pas reposante mais l'oxygène des bouteilles la rend supportable. Vers 6h30 le lendemain matin, ils quittent leur tente. Quand elle n'est pas effacée, ils suivent la trace faite par Bourdillon et Evans deux jours auparavant. Les chutes de neige récentes rendent cependant la progression très pénible. Ils s'enfoncent parfois jusqu'aux genoux, parfois jusqu'à la taille. Ils arrivent au sommet Sud en deux heures trente seulement. Mais un dernier obstacle doit être franchi. Un mur de plus d'une dizaine de mètres, quasi-vertical. Dans quelques jours et pour la suite de l'Histoire, ce

---

[58] Expression attribuée (à raison ?) à *Reinhold Messner* qui désigne la zone dans laquelle l'organisme ne récupère plus et se détériore progressivement. A cette altitude, généralement admise au-dessus de 7.800m, l'alpiniste ne vit plus : il survit.

passage deviendra le Ressaut Hillary[59]. Mais sur le moment, c'est un vrai casse tête, une difficulté qui semble infranchissable. Ed Hillary passe devant et arrive à se hisser sur le bord de la paroi, en équilibre contre une corniche de neige qui menace de s'écrouler à chaque instant. C'est le passage décisif de l'ascension. Il réussit à le franchir et vers 11h30, le 29 mai 1953, ils arrivent enfin au sommet.

Des polémiques naitront par la suite sur l'alpiniste arrivé en premier mais sur le moment, ce n'est pas le sujet. Hillary et Norgay viennent de gravir l'Everest pour la première fois de l'Histoire. Un Népalais et un Néozélandais, voilà qui suffira pour dire que c'est une victoire britannique ! Succès qui tombera à pic puisque la nouvelle parviendra à Londres le jour du couronnement d'Elisabeth II, le 2 juin.

De retour en Europe, Hillary enchainera les conférences, aux côtés du colonel Hunt. Il mènera ensuite plusieurs expéditions en Antarctique et s'investira dans des projets humanitaires au Népal, dans le cadre de sa fondation : l'Himalayan Trust.

Installé à Darjeeling (Inde) avec sa famille, Tensing Norgay se focalisera sur son principal projet : la création de l'Institut Himalayen d'Alpinisme. Cet organisme formera de nombreux alpinistes indiens et contribuera notamment au succès de l'expédition indienne à l'Everest en 1965.

---

[59] En 2015, le ressaut Hillary sera durablement modifié par la nature (érosion, fonte superficielle du pergélisol, secousse sismique… la cause est inconnue). Du mur de 12 mètres de haut environ, il ne reste qu'un escalier beaucoup plus praticable. L'enneigement exceptionnel des saisons 2016 et 2017 n'avait pas permis de s'en rendre vraiment compte, mais les grimpeurs de la saison 2018 sont formels : le ressaut Hillary n'est plus.

20. Hermann Buhl au Nanga Parbat
premier « 8.000 » en solitaire - 1953

Un homme seul va réussir un pari impossible sur un sommet de plus de 8.000 mètres. Quelques produits dopants seront cependant nécessaires à Hermann Buhl pour arriver à ses fins.
⊙ Massif du Nanga Parbat, Pakistan.

Le premier 8.000, l'Annapurna, est conquis en 1950. Trois ans plus tard, c'est le plus haut d'entre eux, l'Everest, qui fait les gros titres. Pourtant, un mois seulement après le succès britannique sur le toit du monde, une autre expédition va réaliser un exploit. Non seulement le sommet d'un des « 8.000 » les plus ardus va être atteint, mais ce n'est pas une cordée qui va se dresser à son sommet. C'est un homme seul, un certain Hermann Buhl.

A l'époque où les nations – européennes avant tout – mesurent leur puissance dans des expéditions lointaines aux accents nationalistes[60], l'Allemagne encore affaiblie par l'issue du second conflit mondial cible le Nanga Parbat. Avant la guerre, le régime nazi en avait déjà fait la « montagne du destin allemand »[61]. A cinq reprises, des expéditions germaniques avaient tenté leur chance sur ce sommet, en vain. La tentative de 1937 se solda même par une terrible avalanche et seize alpinistes emportés.

---

[60] Le Club Alpin Français avait alors pour devise : « Pour la patrie, par la montagne ». Tout un programme.
[61] *Schicksalsberg der Deutschen* en V.O.

Le bilan de ces expéditions n'est donc pas brillant, ajouté au résultat du conflit mondial, la pression qui pèse sur les épaules de la première tentative d'après-guerre est très conséquente. L'Allemagne ira au sommet du Nanga Parbat, coûte que coûte.

Le docteur Karl Herrligkoffer est à la manœuvre. Il dirige cette expédition, bien décidé à prendre la revanche de son demi-frère[62], mort dans la tentative de 1934.

Fin mai 1953, le camp de base est installé. Puis c'est le tour des premiers camps d'altitude. Une organisation quasi-militaire permet à l'expédition de progresser mais la météo est mauvaise. A plusieurs reprises, elle cloue les cordées au camp de base, empêchant toute tentative. Régulièrement, de puissantes avalanches balaient la montagne. L'une d'elle emporte plusieurs coolies qui ne doivent leur survie qu'à un sacré coup de chance. Seuls quelques porteurs baltis font partie de l'expédition. Le portage d'altitude devait être confié à des sherpas. Pourtant engagés à Darjeeling, ils ne sont jamais arrivés. Ce sont donc finalement les alpinistes allemands qui portent la plupart des charges vers les camps supérieurs.

Alors que le début de l'été approche, le chef d'expédition se rend à l'évidence. En un mois, le groupe n'a jamais dépassé les 7.000 mètres. C'est désormais trop tard. Encore une fois, une expédition allemande au Nanga Parbat va échouer et rentrer au pays bredouille. Mais on ne peut aller contre la météo qui en a décidé ainsi. A contrecœur, Peter Aschenbrenner, responsable de l'ascension, transmet les ordres d'Herrligkoffer. Il commande aux cordées de redescendre, par communication radio. Dix-neuf ans plus tôt, Aschenbrenner était parmi les grimpeurs qui avaient atteint le record de 7.900 mètres, l'un des rares à être rentré en vie.

---

[62] *Willy Merkl* est mort d'épuisement après un demi-tour aux alentours de 7.850 mètres. Bloqué dans la tempête pendant plusieurs jours, il n'a pas survécu. Tout comme deux autres membres de son équipe et six sherpas.

Mais Buhl n'est pas de cet avis. Il sent que le temps s'améliore. Sans rien dire au camp de base, il prend la décision de désobéir. Il ne descendra pas sans avoir tenté quelque chose. Son compagnon de cordée, Otto Kempter, est d'accord. La seconde cordée qui a reçu le message de la base accepte de fermer les yeux sur ce qui est en train de s'organiser. Dans la nuit du 2 au 3 juillet, Hermann Buhl sort de sa tente, plantée au camp V à quelques 6.900 mètres. Il marche vers le sommet. Kempter se repose quelques heures de plus et sort à son tour. Il ne parvient pas à refaire son retard et finit par abandonner et retourner au camp. Buhl, lui, continue. Quand il se sent faiblir, il sort de sa poche un comprimé de Pervitine, cette drogue bien connue des combattants de l'Allemagne nazie[63].

Aux premières lueurs du jour, il est à presque 7.500 mètres à l'entrée du Grand Plateau, le sommet est encore à 600 mètres de là. A la mi-journée, il a déjà parcouru la moitié de ce dénivelé. Il lui faut encore 5 heures d'efforts pour franchir les derniers 300 mètres qui n'ont rien d'une escalade de débutant. Vers 19h, il est enfin au sommet[64]. Il a grimpé plus de 18h durant, seul, sans oxygène. A l'arrivée, il n'a même plus son sac à dos, abandonné plus bas pour moins se fatiguer. Il plante son piolet et y accroche le drapeau tyrolien.

Quelques photos plus tard, la nuit est déjà tombée sur le Nanga Parbat. Alors il entame la descente mais ne tarde pas à s'arrêter pour bivouaquer. Sans ses affaires qu'il a abandonnées quelques heures plus tôt, il doit se résoudre à une nuit très incertaine. L'un des effets de la Pervitine est une sensation d'invincibilité, un booster de motivation. Résultat, dès que la fin de la nuit approche, il se relève et continue sa descente, tel un robot. Il rejoint enfin son sac à dos mais son contenu lui est bien inutile. L'autre effet de la Pervitine est qu'il coupe

---

[63] Jusqu'en 1941, cette méthamphétamine est en vente libre en Allemagne. Mais ce stimulant, très employé sur le front de la seconde guerre mondiale, est avant tout une drogue. Son utilisation peut avoir des conséquences fâcheuses. Durant l'expédition de 1953, c'est le médecin de l'expédition qui fournissait ces « énergisants » aux alpinistes.

[64] 8.126 mètres.

complètement l'envie de boire ou de manger. L'envie, pas le besoin. C'est donc dans un état de déshydratation très avancé que Buhl continue sa descente, de plus en plus laborieusement.

Sans nouvelles, ses coéquipiers le pensent perdu. Mais il n'en est rien, à la fin de la journée, au bout de plus de 40 heures d'effort quasi-ininterrompu, Buhl finit par retrouver ses camarades. Euphoriques, ils transmettent la bonne nouvelle par radio au camp de base. Au pied de la montagne, le docteur Herrligkoffer est très fâché. La conquête du sommet ne parvient pas à lui faire oublier la désobéissance de ses troupes. Buhl s'en tire avec quelques gelures aux orteils que le médecin de l'équipe, aux ordres d'Herrligkoffer, n'est pas très prompt à soigner. C'est dans cette ambiance délétère que l'expédition prend fin.

Malgré tout, ce 3 juillet 1953, Hermann Buhl a offert à l'Allemagne ce qu'elle attendait : la victoire au sommet du Nanga Parbat. Mais il signe également deux autres exploits : c'est le premier « 8.000 » conquis sans oxygène[65] et c'est la première fois qu'une telle réussite est réalisée par un homme seul[66].

Cinq ans plus tard, Buhl sera le premier à se tenir sur le sommet du Broad Peak, un autre « 8.000 » du Karakoram. Toujours sans oxygène. Dans la foulée, il se lancera sur les pentes du Chogolisa, sur les traces du Duc des Abruzzes[67]. Il chutera mortellement à la descente, sans avoir pu atteindre le sommet. Son corps ne sera jamais retrouvé.

---

[65] A l'Annapurna (1950), les Français ont utilisé des bouteilles d'oxygène. Il en va de même pour l'expédition britannique à l'Everest (1953).
[66] Qui, de plus, a réalisé une étape extrêmement longue en ayant un dernier camp sous la barre des 7.000 mètres.
[67] *Voir Chapitre 10* 📖 *Le Duc des Abruzzes au Chogolisa.*

21. Robert Paragot à l'Aconcagua
expédition en face sud - 1954

> Des Français s'endettent pour se lancer dans une nouvelle expédition qui risque bien de leur être fatale. Robert Paragot est de cette aventure sur le point culminant d'Amérique du Sud.
> ☉ Cordillère des Andes, Argentine.

Après le succès de l'expédition de 1952 au Fitz Roy[68], le Président argentin Juan Perón accepte de financer en partie une nouvelle aventure française sur les sommets argentins. A cette époque, Perón règne d'une main de fer sur le pays et profite de la manne providentielle apportée par les nazis fuyant les représailles en Europe. Les Français arrivent à Buenos Aires dans ce drôle de contexte.

L'Aconcagua a déjà été conquis mais sa face sud reste vierge, et elle vaut le voyage. Près de 3.000 mètres à grimper. René Ferlet, secrétaire du Club Alpin Français est à la tête de ce projet. Il réunit d'autres Parisiens comme Robert Paragot ou Lucien Bérardini[69]. Chacun doit verser quelques 100.000 Francs pour s'embarquer dans l'aventure. Ils réunissent la somme tant bien que mal. Paragot obtient notamment un prêt du Comité d'Entreprise de la Sécurité Sociale où il travaillait alors.

---

[68] *Voir Chapitre 18* 📖 *Lionel Terray au Fitz Roy.*
[69] Adrien Dagory, Edmond Denis, Pierre Lesueur et Guy Poulet complétaient le groupe.

En décembre 1953, le groupe quitte la gare d'Austerlitz en direction de Bordeaux et de son port. Puis ce sont trois semaines de traversée pour Buenos Aires, Argentine. Ils n'ont pas les moyens de se payer le voyage en avion. A l'arrivée sur le continent américain, ils sont accueillis en grandes pompes. Ils ont même droit à une réception en leur honneur au palais présidentiel. Quelques jours plus tard, ils sont dans un avion affrété par Perón et se posent à Mendoza au pied de la Cordillère des Andes. Ils roulent ensuite jusqu'à la fin de la route. Quelques 200 kilomètres à être secoués à l'arrière d'un camion militaire brinquebalant.

Les voici bientôt au camp de base, à presque 4.000 mètres d'altitude. Le mois de janvier touche à sa fin et les hommes commencent à s'aventurer dans cette fameuse face sud[70]. Comme ils s'y attendaient, l'escalade n'est pas simple et le froid est cinglant. Le camp I est installé à 4.500 mètres, le camp II à 5.200 mètres. Ils sont alimentés par d'interminables allers-retours de lourds sacs. Le 21 février, Ferlet retourne au camp de base, malade. Ils ne sont plus que six et comptent bien en finir rapidement. Alors plus question d'établir des camps en bonne et due forme, de précaires bivouacs suffisent. Il en faut trois pour arriver au bout. Les deux premiers sont pénibles mais acceptables, la soif se fait de plus en plus présente mais ils tiennent bon. Au lendemain du deuxième bivouac, ils font face à un ressaut compliqué. Les températures sont glaciales et ils se croient bloqués. Ce sont pourtant les meilleurs « rochassiers » de l'époque, ils ne peuvent pas être arrêtés par quelques blocs qu'ils auraient aisément surmontés dans leur chère forêt de Fontainebleau.

Alors Lucien Bérardini va faire comme à Paris, il retire ses gants et se jette à corps perdu dans la paroi. Il faut dire qu'ils n'ont plus guère le choix. Après les passages des jours précédents, ils ne peuvent plus redescendre en rappel, c'est impossible. La seule issue se situe sur l'autre versant, après le sommet. Forcer ce passage est donc une question de vie ou de mort. En grimpant à mains nues, Bérardini est

---

[70] On a coutume de redouter les faces nord, moins ensoleillées. Mais c'est bon pour les Alpes et plus largement l'hémisphère Nord. En Argentine, ce sont les faces sud qui sont les plus redoutables (et les moins ensoleillées).

certain de deux choses : il va y arriver – il n'y a pas beaucoup de rochers qui lui résistent – et il va y laisser ses mains. Le bivouac du soir est terrible, assommé par le froid et la fatigue, chacun réfléchit aux séquelles à venir. Les mains et les pieds sont douloureux, les hommes tentent désespérément de les réchauffer, sans beaucoup de résultat.

Le 25 février 1954, ils arrivent au sommet, 6.962 mètres d'altitude, en fin de journée. Ils sont dans un piteux état. Leurs noms griffonnés sur un petit cahier, laissé dans une boite métallique, ils repartent. Qu'importe ce fichu sommet. Ils ont la vie sauve, c'est bien l'essentiel ; reste désormais à perdre le moins d'orteils possibles. La descente ne traine pas et l'hospitalisation non plus. Seul Paragot s'en est sorti sans gelure et il en était presque honteux. Les autres restent à Mendoza jusqu'au milieu du mois de juin, pour se remettre.

Trajet retour, la compagnie de navigation fera crédit pour l'achat des billets. Et cerise sur le gâteau, le Comité d'Entreprise de la Sécurité Sociale offrira l'emprunt à Paragot, se transformant en sponsor de la dernière heure pour cette expédition au bout du monde. Bérardini y aura laissé une bonne partie de sa main gauche. Les autres quelques orteils. Dans les années qui suivront, Paragot et Bérardini réaliseront toute une série d'ascensions d'ampleur aux quatre coins du monde. On les verra l'année suivante au Grand Capucin (France) pour la première de la face nord, en 1966 au Huascarán (Pérou) pour une autre ouverture et en 1971 au pilier ouest du Makalu (Népal).

22. Walter Bonatti au petit Dru
la voie disparue - 1955

Walter Bonatti. Ces deux mots résonnent comme une légende de la montagne ! Après ses aventures lointaines, l'Italien revient à Chamonix de la plus belle des manières.
⊙ Massif du Mont Blanc, France.

Lorsque Walter Bonatti revient à Chamonix en août 1955, il a déjà une sacrée réputation. Il s'est illustré dans le massif quatre ans plus tôt en ouvrant la face ouest du Grand Capucin[71], à grand renfort de techniques d'escalade artificielle. Et il revient à peine du Pakistan où l'expédition italienne a réussi à vaincre le K2 et ses 8.611 mètres. S'il n'est pas allé au sommet, son dévouement a largement permis ce succès[72]. A plusieurs reprises il a tenté de trouver un itinéraire sur la face ouest du Petit Dru, l'un des sommets les plus emblématiques de la vallée de Chamonix, fièrement dressé à la verticale du Montenvers[73]. C'était pour lui une montagne parfaite, aux lignes exemplaires. Après plusieurs échecs avec

---

[71] Face Est du Grand Capucin (3.838m, Mont Blanc, France): voie Bonatti ouverte fin juillet 1951

[72] Même si l'histoire ne lui donnera raison que 50 ans plus tard. Car il avait été un temps accusé d'avoir utilisé une partie de l'oxygène nécessaire aux alpinistes tentant le sommet. Ces derniers avaient donc atteint la cime du K2 sans oxygène. C'est en tous cas la version qui resta officielle pendant de longues années, jusqu'à ce qu'une photo des alpinistes au sommet équipés de masques à oxygène ne soit dévoilée. Bonatti n'avait rien utilisé, et la première ascension du K2 s'était bien faite avec de l'oxygène. Cette expérience au K2 le fit sérieusement douter des autres et c'est ainsi qu'il se retrouva bien plus souvent en solitaire. A l'image de ce mois d'août 1955.

[73] Terminus du train à crémaillère qui relie Chamonix à la Mer de Glace.

différents compagnons de cordée, il finit par se lancer seul dans une épopée qui allait durer quelques 6 jours.

Bonatti arrive au Montenvers le 11 août mais entre mauvais temps et hésitations dans l'itinéraire, les jours passent sans beaucoup avancer. Il dort finalement au refuge de la Charpoua la nuit du 16 au 17 août. Le lendemain matin, il part en direction du Petit Dru en prenant soin d'éviter le couloir très avalancheux qui était pourtant l'itinéraire le plus rapide. La paroi débute et Bonatti est confiant. C'est alors qu'un coup de marteau de travers lui amoche sérieusement un bout de doigt. Cela commence bien.

Dans son sac : 79 pitons, 15 mousquetons, quelques coins de bois, des échelles de cordes, deux cordes et autant de marteaux, un piolet et un appareil photo. Il ne grimpe pas avec le sac sur le dos mais l'accroche à une corde et le hisse dès qu'il peut. Ce qui lui occasionne bien des difficultés, ses affaires se coinçant au moindre ressaut. Avant même d'avoir attaqué l'escalade proprement dite, il se rend compte qu'un piton a percé la réserve d'alcool de son réchaud. Une bonne partie des vivres est foutue. Le manque de nourriture va lui compliquer la tâche, c'est certain. Mais pour l'heure c'est son équipement qui lui fait perdre un temps précieux. Il n'a que quelques coins de bois pour se sécuriser. Aussi, dès qu'il le peut, il doit redescendre pour arracher à la paroi ses quelques protections. Ces allers-retours sont chronophages et exténuants, mais il n'a guère le choix. De fait, il progresse très lentement dans la voie. Le troisième jour, il essuie un premier orage. Pas bien méchant. Mais à force de monter, descendre, frapper sur ses pitons, tirer sur son sac, il souffre terriblement des mains. Il croit même que son doigt blessé par le marteau du premier jour est en train de s'infecter.

Le quatrième jour, l'aventure prend un tournant beaucoup plus sérieux : l'Italien est bloqué. Autour de la plateforme sur laquelle il a bivouaqué : aucune prise. Impossible de monter. Le surplomb semble impraticable. Après plusieurs essais, il tente finalement de se laisser penduler vers une lointaine fissure qui parait être la seule issue. Quelques minutes plus tard, Bonatti se retrouve coincé à mi-chemin entre la fissure et sa vire de départ, sans aucun moyen de revenir en arrière ou de terminer son mouvement jusqu'à la fissure. Ces nouvelles difficultés de la paroi sont apparues alors que Bonatti se déplaçait. Il est bel est bien piégé. Il ne peut plus avancer, et ne peut plus reculer. Seul sur la paroi du Dru, il ne peut pourtant compter que sur lui-même. Pas de téléphone mobile pour appeler les secours... D'ailleurs, le secours en montagne n'existe pas encore[74] !

Après réflexion, une issue périlleuse est peut-être envisageable. Une douzaine de mètres plus haut, des rochers doivent pouvoir faire l'affaire. Bonatti prépare une boule de nœuds au bout d'une de ses cordes. L'idée est de la lancer vers le haut et qu'elle se coince dans les pierres du ressaut. Une fois arrimée, la corde pourrait lui permettre de progresser à nouveau. Après plus d'une dizaine de lancers, l'amarrage se coince enfin. S'il semble tenir quand le grimpeur le met en tension, résistera-t-il à ses mouvements ? Fort heureusement, le système tient le coup et Walter Bonatti parvient à dépasser ce dévers qu'il croyait infranchissable. L'Italien aurait pu rester coincé dans ce passage délicat.

La suite et la fin de la paroi ne sont pas pour autant une partie de plaisir. Il est affaibli, souffre toujours des mains, n'a plus rien à manger ou presque. Pourtant, deux jours plus tard il est au sommet, sans rencontrer à nouveau pareilles difficultés.

Il a réussi à ouvrir cette voie dont il rêvait tant. La plus belle, la plus directe, sur cette montagne si fascinante. A l'esthétique de la voie, Bonatti a ajouté l'éthique d'une technique qu'il veut épurée. S'il a eu recours à quelques échelles de corde, il en convient lui-même, avec quelques pitons à expansion[75], les passages les plus délicats auraient été dépassés en quelques minutes.

---

[74] Pour les prémisses du secours en montagne, *Voir Chapitre 23* 📖 *Jean Vincendon et François Henry au Mont Blanc.*
[75] Nouveaux équipements qui voient leur apparition au milieu du XXème siècle, inventés par Grivel dans les années 30. Ces pitons s'insèrent dans un trou spécialement foré et se bloquent. Ces dispositifs restent généralement en place sur la montagne. Très loin d'une grimpe sans impact sur le milieu.

Cette voie, répétée notamment par Catherine Destivelle en 1990[76], ne le sera jamais plus. Le pilier baptisé « pilier Bonatti » s'effondrera en grande partie en juin 2005. Plusieurs longueurs de l'itinéraire suivi en 1955 par l'alpiniste italien n'existent tout simplement plus. Plus personne ne se lance aujourd'hui dans cette face, beaucoup trop instable et dangereuse.

Avec cette réussite, Walter Bonatti aura obtenu ses gallons d'alpinistes de légende. Il ne fera que confirmer ce talent les années suivantes. Comme en 1963 où il réalisera la première hivernale de l'Eperon Walker aux Grandes Jorasses[77]. Malgré l'affaire du K2, il retournera dans l'Himalaya. Il sera le premier homme[78] au sommet du Gasherbrum IV à 7.925 mètres, dans le massif du Karakoram.

En 1961, il fera partie de la tragique ascension du Pilier du Frêney[79]. Et après une dernière ouverture hivernale en face nord du Cervin, il prendra en 1965 une retraite bien raisonnable.

---

[76] *Voir Chapitre 38* 📖 *Catherine Destivelle au Peak 4111.*
[77] *Voir Chapitre 29* 📖 *René Desmaison aux Grandes Jorasses.*
[78] En 1958, avec Carlo Mauri.
[79] *Voir Chapitre 26* 📖 *Pierre Mazeaud au Pilier du Frêney.*

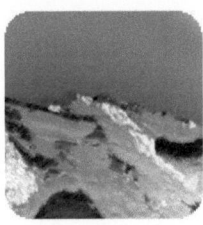

23. Jean Vincendon et François Henry au Mont Blanc
le sauvetage raté - 1956-57

Une des plus grandes catastrophes de la montagne française. Mal organisés, les secours vont précipiter la dramatique suite de l'histoire, déjà mal engagée par des garçons un peu trop fougueux.
⊙ Massif du Mont Blanc, France.

A trois jours de Noël, deux jeunes grimpeurs se lancent dans une ascension du Mont Blanc. Itinéraire choisi : l'éperon de la Brenva, sur le versant italien. Ce parcours, nettement plus difficile que la voie normale, est régulièrement emprunté mais sa fréquentation en hiver est très rare. Pourtant, en ce mois de décembre 1956, ils ne sont pas les premiers. Quelques jours plus tôt, un certain Claude Dufourmantelle réalisait la deuxième ascension hivernale du Mont Blanc par la Brenva.

Ces deux jeunes alpinistes, aiguillonnés par la réussite de Dufourmantelle, prennent le téléphérique de l'Aiguille du Midi au matin du samedi 22 décembre, bien décidés à en découdre. Leurs noms ? Jean Vincendon et François Henry. Le premier, français, prépare le concours de guide, le second est un grimpeur belge assez peu expérimenté. Après une première nuit en refuge, quelques nuages lointains les encouragent à redescendre à Chamonix. Mais en chemin, ils croisent une autre cordée : Silvano Gheser et Walter Bonatti. Le guide italien a déjà ouvert le Pilier Bonatti aux Drus[80] et a failli laisser sa vie au K2 quelques années plus tôt. Il est déjà une légende et cette rencontre au sommet va

---

[80] *Voir Chapitre 22* 📖 *Walter Bonatti au Petit Dru.*

remotiver Vincendon et Henry. Ils passent finalement le réveillon de Noël tous ensemble dans le petit bivouac de la Fourche, à 3.700 mètres d'altitude.

Le lendemain, ils traversent ensemble le Glacier de la Brenva jusqu'au Col Moore où ils se séparent. Bonatti et son client se dirigent vers l'arête de la Poire. Les deux autres s'attaquent à la Brenva. Le mauvais temps fait irruption dans l'histoire et les deux cordées finissent par se rapprocher sur un même itinéraire. A la tombée du jour, elles sont séparées par quelques dizaines de mètres. Après une nuit improvisée dans la tempête, les quatre grimpeurs sont à nouveau réunis. Ils mettent près d'une journée pour rejoindre le Col de la Brenva, tant les conditions sont mauvaises. Ils cherchent à aller s'abriter au Refuge Vallot, sur l'autre versant. Mais pour y parvenir, le plus sûr est de passer par le sommet du Mont Blanc. Les deux cordées se séparent mais suivent le même itinéraire. Alors que Bonatti atteint le Refuge Vallot, Vincendon et Henry se lancent dans la descente, finalement décidés à rentrer à Chamonix par l'itinéraire le plus court.

Les conditions ne sont pas bonnes et les deux jeunes ne vont pas bien loin. Très vite, ils sont immobilisés au niveau du Grand Plateau, en plein cœur du massif du Mont Blanc. Pas loin de l'endroit où un certain Jacques Balmat avait bivouaqué près de deux siècles plus tôt (mais c'était en plein été ![81]). Sans nouvelles depuis plusieurs jours, les proches de Vincendon et Henry commencent à s'inquiéter. Pendant ce temps, les deux alpinistes accumulent les problèmes. Ils sont aveuglés par la réverbération. Ils égarent leurs gants. Avec la météo qui reste mauvaise, ils sont dans une situation très délicate. Dufourmantelle lui-même alerte la Société Chamoniarde de Secours. Mais les guides sont très occupés. S'ils parcourent les sommets en été, l'hiver est alors réservé aux cours de ski. Et ce travail est bien plus rémunérateur, difficile de lui tourner le dos !

---

[81] *Voir Chapitre 1* 📖 *Michel Paccard et Jacques Balmat au Mont Blanc.*

Les 27 et 28 décembre, plusieurs vols d'hélicoptères tentent de repérer les alpinistes en détresse, en vain. Ils sont finalement aperçus, à la lunette, depuis le Brévent, le massif de l'autre côté de la vallée de Chamonix. Ils semblent manifestement encore en vie. A cette époque, le secours en montagne n'en est qu'à ses balbutiements et ce sont là les premiers pas des hélicoptères en haute montagne. Entre les guides chamoniards, l'armée, la mairie… tout le monde donne son avis, mais personne ne part porter secours aux deux gamins perdus dans la montagne.

Le commandant Legall, fraîchement rentré d'Indochine, tente alors d'organiser un secours militaire aéroporté ; alors que Lionel Terray[82] et Dufourmantelle engagent quelques hommes dans une caravane pour un secours pédestre. Dans le même temps, des guides de Courmayeur sont montés pour récupérer Bonatti et son client. Ce dernier, dans un piteux état, perdra ses orteils.

Le 31 décembre, l'hélicoptère de l'armée décroche et s'écrase sur le Grand Plateau. Tout le monde est indemne et deux membres d'équipage installent Vincendon et Henry à l'abri dans la carcasse de la machine accidentée. Ils sont déjà gravement gelés, au moins jusqu'aux coudes.

Les secouristes qui étaient à bord aident en premier lieu les deux pilotes, certainement les moins expérimentés et les moins équipés pour survivre à l'hiver en haute montagne. Le mauvais temps est de retour et la cordée de Terray est contrainte de redescendre dans la vallée. Le remontée de l'équipage de l'hélicoptère jusqu'au Refuge Vallot n'est alors pas une mince affaire. L'un des pilotes glisse dans une crevasse. Retour à la machine.

Des sauveteurs déposés au Dôme du Gouter viennent le lendemain pour leur prêter main forte. Récupérer les pilotes devient la priorité et mobilise toute l'énergie des guides. Deux jours et une nuit sont nécessaires à ce sauvetage additionnel. Suite à un bivouac dans une crevasse, les deux aviateurs s'en sortent avec des gelures. Les pilotes

---

[82] *Voir Chapitre 17* 📖 *Lionel Terray au Fitz Roy.*

sont récupérés au Refuge Vallot le 3 janvier par des Alouettes[83] venues de Mont de Marsan. Mais le sauvetage se termine sans avoir pu récupérer les deux naufragés, intransportables. Ils sont abandonnés dans la montagne.

Visible depuis la vallée, ce spectacle a tenu en haleine la France entière pendant plus de dix jours, grâce à une centaine de journalistes massés à Chamonix. Les difficultés d'organisation du sauvetage de Vincendon et Henry ne resteront pas sans conséquence. L'année suivante, le service public de secours en montagne sera créé. Ce sera la naissance du Peloton de Gendarmerie de Haute Montagne rassemblant des sauveteurs professionnels entrainés et dédiés au secours des naufragés dans le Massif du Mont Blanc. Les deux corps sans vie de Jean Vincendon et François Henry seront finalement descendus dans la vallée en mars 1957.

---

[83] L'Alouette est un hélicoptère plus léger et mieux adapté aux vols en montagne. La première machine était un Sikorsky beaucoup plus lourd et incapable de voler à près de 4.000 mètres d'altitude sans courir le risque de s'écraser.

24. Toni Egger au Cerro Torre
une vie de mensonges - 1959

A la conquête du Cerro Torre aux côtés de Cesare Maestri, Toni Egger voit son aventure prendre une tournure funeste, le tout bercé par une bonne dose de mensonges, à la sauce italienne...
⊙ Patagonie, Argentine/Chili.

Fin janvier 1959, un trio d'Européens s'attaque à un pic de granit majestueux. Il trône au cœur des montagnes de Patagonie et son sommet, qui dépasse les 3.100 mètres, semble inaccessible : le Cerro Torre. Le groupe est composé de Cesare Maestri, l'araignée des Dolomites, Toni Egger, un Autrichien aux multiples talents et enfin Cesarino Fava.

Avant de s'embarquer dans cette aventure, Egger avait réalisé des prouesses dans les Alpes, à l'image de son enchainement de 1955 : dans la même journée, il grimpait deux faces nord des Dolomites[84] réputées pour leur difficulté. Maestri lui, était déjà au Cerro Torre l'été précédent. L'expédition était rentrée à Rome sans même avoir gravi quelques dizaines de mètres. La montagne leur semblait réellement impossible à escalader. Durant le même été, Walter Bonatti et Carlo Mauri en arrivait peu ou proue à la même conclusion, en ayant tout de même escaladé quelques longueurs.

---

[84] La Cima Grande et La Cima Ovest, deux des Tre Cime de Lavaredo.

Alors quand Maestri revient avec Egger au pied de l'immense paroi, la difficulté est immense. Bientôt lâché, Cesarino Fava laisse filer ses deux compagnons qui grimpent vers le sommet avec une détermination sans égal. A la faveur d'une croute de glace, les deux compagnons se fraient un passage quelque part entre les faces est et nord. Si bien qu'ils parviennent au sommet le 31 janvier. Ils ont vaincu en quelques jours cette montagne que tout le monde croyait insurmontable. La prouesse est démesurée, le talent des deux grimpeurs est une évidence. Leur succès va faire le tour du monde.

A la descente, le mauvais temps s'impose et Toni est pris dans une avalanche. La corde qui le relie à Cesare ne lui sauve pas la vie et son corps est précipité dans le vide. Le survivant, désespéré, chute à son tour. Fava le retrouve quelques jours plus tard à demi enseveli dans la neige balbutiant le prénom de son compagnon de cordée. Ils rentrent en Italie la mort dans l'âme mais couronnés de succès. La réussite du sommet rend moins cruelle la disparition de son ami, le prix à payer est élevé mais Toni Egger est mort en ayant atteint l'un des sommets les plus durs de la planète.

Voici donc la version officielle de l'histoire, telle que Maestri l'a racontée à son retour en Europe. Hélas, faute d'autres témoignages et de photos permettant de corroborer son récit, le doute s'installe. Les discussions vont bon train au sujet de cette ascension et si l'Italie toute entière est fière de Maestri, certains montagnards questionnent doucement le mythe.

Car pendant des années, plusieurs cordées vont se mesurer au Cerro Torre sans succès. Les difficultés rencontrées sur la montagne sont réellement insurmontables. Comment Maestri et Egger ont-ils pu réussir là où tant d'autres échouent ? C'était deux grimpeurs éminemment talentueux mais tous les sommets qu'ils avaient grimpés par le passé ne posaient pas les mêmes questions. D'autres alpinistes les avaient également atteints.

Pire, les cordées qui s'attaquent au Cerro Torre après 1959 ne vont pas trouver beaucoup de traces d'ascension au-dessus des 300 mètres effectivement parcourus avec Fava. Ils vont même n'en trouver aucune. Pas un piton, rien. Et les descriptions qu'ils font des différents passages de la paroi sont bien différentes de celles de Maestri. Mais l'Italien campe sur sa version des faits et n'en démord pas, s'enfonçant chaque fois un peu plus dans une terrible mélasse faite de mensonge et de culpabilité.

En 1970, Maestri revient en Patagonie bien décidé à « retourner » au sommet du Cerro Torre. Il n'est pas venu seul, il est accompagné par un engin de chantier. Un compresseur de plusieurs dizaines de kilos capable de trouer la roche et de permettre l'insertion de pitons à expansion. La grande mode de l'escalade artificielle. Pour parvenir au sommet, il comptait donc transformer cette paroi en une sorte de via ferrata… Etait-il devenu fou ? Malgré cette technique plus que douteuse, il n'arrive pas totalement au sommet. Les derniers mètres de calotte glaciaire sont impossibles à sécuriser avec un tel arsenal. Si on peut souligner la prouesse de hisser un tel équipement dans la paroi, le bilan de l'opération est désastreux. Maestri s'enfonce encore un peu plus.

A près de 90 ans, Cesare Maestri ne racontera probablement jamais la vérité. Ce qui s'est réellement passé sur cette montagne. Leur incapacité à dépasser les premières longueurs de la face et la chute mortelle de son compagnon alors même que leur progression peinait. Un camarade mort pour rien, sous ses yeux. Et une vie de mensonges. A la famille d'Egger, il n'a rien rapporté, surtout pas les petits carnets d'ascension que Toni noircissait tous les jours. Ils contenaient peut-être un bout de vérité, comme cet appareil photo qui bizarrement ne sera pas retrouvé aux côtés du corps d'Egger. Ce dernier a refait surface sur le glacier en 1974. Depuis, il est enterré sur place, dans ce massif andin où il laissa la vie. Toni avait 32 ans.

25. Claude Kogan au Cho Oyu
la petite couturière niçoise - 1959

Une couturière de la Côte d'Azur s'est trouvée un passe temps hors du commun : grimper sur des sommets lointains. Jusqu'au jour où elle organise sa propre expédition.
⊙ Massif du Cho Oyu, Himalaya, Népal/Tibet(Chine).

A la faveur de la guerre, Claude fuit Paris et l'occupation pour se réfugier à Nice. Elle y rencontre son mari, George Kogan, membre du club très fermé des alpinistes niçois, aux côtés notamment de Jean Franco. Quand George meurt d'une grave maladie quelques années plus tard, Claude reprend l'affaire familiale de textile. Elle la transforme et la fait prospérer. Mais quelques mois par an, elle continue ce qu'elle avait commencé avec feu son mari. Elle grimpe. Des premières sur des sommets d'Amérique du Sud[85], de belles voies dans les Alpes et quelques expéditions médiatisées en Himalaya.

En 1954, elle est aux côtés de Raymond Lambert[86] au Cho Oyu. Elle rate de peu le sommet mais compte bien y revenir. C'est en 1959 qu'elle parvient à organiser cette nouvelle expédition sur le sixième sommet le plus haut de la planète (8.188 mètres). Le groupe est exclusivement

---

[85] Notamment avec Nicole et Raymond Leininger (*Voir Chapitre 18* 📖 *Lionel Terray au Fitz Roy*).
[86] Le suisse Raymond Lambert est à 200 mètres du sommet de l'Everest en mai 1952, aux côtés du sherpa Tensing Norgay. Ce dernier terminera le travail commencé avec Lambert l'année suivante aux côtés d'Edmund Hillary (*Voir Chapitre 19* 📖 *Edmund Hillary à l'Everest*).

féminin, c'est une première. Claude prend la tête de l'expédition, accompagnée notamment par Jeanne Franco (la femme de Jean et meilleure amie de Claude), l'ancienne skieuse belge Claudine Van der Straten ou la grimpeuse britannique Dorothea Gravina. L'équipe est très forte, on y trouve aussi la Suissesse Loulou Boulaz, première femme à avoir vaincu l'Eperon Walker des Grandes Jorasses. Deux filles et une cousine du célèbre Tensing Norgay sont également de la partie. A l'heure où les expéditions sont encore nationales et plantent fièrement leur drapeau au sommet, ce projet dénote. Pas moins de 5 nationalités sont représentées pour ce qui est bien plus qu'une première expédition féminine, c'est une véritable expédition internationale d'ampleur.

L'automne venu, la caravane s'ébranle à destination du Cho Oyu. Pas moins de 200 porteurs accompagnent ce groupe de femmes sur les quelques trois semaines de marche d'approche à travers le Népal. Parmi eux, une quarantaine de porteurs sont des femmes. Quelques yaks font le voyage aller, ils ne feront pas le trajet retour, transformés entre temps en repas gastronomique pour les membres de l'expédition. Les porteurs permettent d'établir le camp de base mi-septembre aux alentours de 5.600 mètres. Puis, elles installent progressivement leurs camps d'altitude. Fin septembre, le camp III est déjà opérationnel. Début octobre, Kogan, Van der Straten et le sherpa Ang Norbu continuent leur progression pour installer le camp IV. C'est chose faite le 1er octobre, à environ 7.100 mètres d'altitude. Une affaire rondement menée.

Les restes de la mousson ponctuent l'aventure. Quelques heures de neige et puis le soleil revient. Le 1er octobre ne fait pas exception. Quand le temps se lève, les pentes de la montagne se purgent du surplus de neige accumulée. Les avalanches sont incessantes. Le 2 octobre à la mi-journée, les occupantes des camps d'altitude sont de retour à la base, saines et sauves, à l'exception des alpinistes du camp IV. Kogan, Van der Straten et leur sherpa Ang Norbu ne sont pas encore rentrés. Deux autres sherpas ne sont pas redescendus tout de suite, ils sont montés à la recherche de Claude, Claudine et Norbu. Piégés par une avalanche au niveau du camp III, seul l'un d'entre eux s'en sort et parvient à redescendre au pied de la montagne. Le sherpa rescapé a les mains gelées d'avoir tenté de sortir son camarade de sous la coulée de neige, sans y être parvenu.

Pendant quatre jours, le mauvais temps est de retour rendant impossible toute reconnaissance en altitude. Le 5 octobre, une trouée dans le brouillard permet d'apercevoir le camp IV. A travers leurs jumelles, les occupantes du camp de base sont tétanisées. Le camp de Kogan a disparu. A sa place, les marques caractéristiques du passage d'une avalanche.

Le 6 octobre, Dorothea et Jeanne montent enfin en direction du dernier camp pour une ultime recherche. Les deux premiers camps n'ont pas bougé. Le troisième est ravagé, elles ne trouvent guère que le corps sans vie du sherpa monté au secours de la cordée de tête. L'état du quatrième camp est sans appel, tout est enseveli. Tout espoir de retrouver leurs camarades s'envole.

Dorothea Gravina reprendra la tête de l'expédition pour les derniers jours et le retour en Europe. L'aventure se terminera ainsi, sans sommet, sans Kogan et trois autres membres du groupe.

Aux traditionnelles critiques de l'opinion publique sur l'inconscience des alpinistes, s'ajouteront cette fois des relents bien machistes. Mais pourquoi ces bonnes femmes se sont-elles embringuées dans pareille aventure ?

26. Pierre Mazeaud au Pilier du Frêney
une tempête fatale - 1961

Le Pilier du Frêney évoque chez certaines générations une véritable tragédie, comme la montagne sait les écrire. Elle se passe dans le Massif du Mont Blanc au cœur de l'été 1961.
⊙ Massif du Mont Blanc, France.

Dans sa jeunesse, celui qui allait devenir député puis président du conseil constitutionnel était alpiniste. A 32 ans, Pierre Mazeaud a un joli palmarès de grimpeur à son actif. En cet été 1961, il enseigne le droit depuis peu et vient passer une partie de ses vacances à Chamonix. Objectif en vue, l'ascension du Mont Blanc par une voie que personne n'a encore réussie : le Pilier du Frêney, sur le versant italien. Avec des pentes à plus de 60°, on est loin de la voie normale du toit de l'Europe et de son autoroute à grimpeurs que l'on connait désormais chaque été. A cette époque, c'est l'un des rares itinéraires encore vierge dans le massif. Le 9 juillet, Mazeaud est avec Pierre Kohlman, Antoine Vieille et Robert Guillaume. Installés au bivouac de la Fourche, ils attendent le temps optimal pour partir vers leur objectif.

C'est alors qu'un groupe d'Italiens entre à son tour dans le petit abri. A leur tête, la légende Walter Bonatti[87]. Il est suivi par Andrea Oggioni et Roberto Gallieni. Les quatre français viennent récemment de s'essayer (avec succès) au Pilier Bonatti et savent que l'homme devant eux est un grimpeur hors-pair. Ils vont tous vers le même objectif et acceptent

---

[87] *Voir Chapitre 22* 📖 *Walter Bonatti au Petit Dru.*

d'unir leurs forces. La cordée franco-italienne va patienter jusqu'au 11 juillet pour démarrer. Les conditions sont alors réunies.

Le groupe progresse rapidement. Ce ne sont pas les difficultés techniques qui posent problème : c'est la météo. En milieu d'après-midi, le mauvais temps les encercle. En quelques minutes la neige commence à danser autours des grimpeurs, et les éclairs se font de plus en plus proches. Lorsque la foudre touche le sonotone de Kohlman, la retraite dans la tempête prend une tournure beaucoup plus dramatique.

Une piqure de stimulant permet de réveiller Kohlman mais le Français déraisonne. Il n'entend plus rien. Plusieurs heures durant, l'orage gronde autour du bivouac et la foudre ne tombe jamais loin. La neige continue de plus belle alors que la nuit a pris place depuis longtemps.

Au petit matin, ils ouvrent les yeux sur un temps ensoleillé. La sortie par le sommet est encore possible. Il est à moins d'une centaine de mètres au-dessus. De là, il sera plus facile de redescendre. Mais l'enthousiasme est de courte durée. L'espoir suscité par ces rayons de soleil matinaux est vite douché par les gros nuages noirs qui s'amassent à nouveau autour d'eux. Ils sont loin de savoir qu'en ce mois de juillet 1961, la France est en train de subir un épisode de mauvais temps d'une rare violence. Dans tout le pays, les orages et les vents sidérants font de nombreux dégâts. Le Massif du Mont Blanc a droit à sa part du gâteau. Pendant plusieurs jours, en plein mois de juillet, le mauvais temps va se maintenir et rendre très précaire la situation de la cordée Bonatti-Mazeaud.

Ils vont devoir patienter jusqu'au beau temps. Mais quand reviendra-t-il ? Deux jours plus tard, le matin du 14 juillet, les corps fatigués entament la descente. Il n'y a pas d'autre solution. Mais exténués par ces journées d'attente dans le froid, l'humidité et la foudre, la descente est épique. Heureusement, Bonatti connait bien les lieux. Il se fait fort d'aider le groupe à désescalader la paroi. En une journée interminable, ils arrivent au pied du pilier, au prix d'efforts infinis. Ils trouvent une crevasse pour s'abriter pour une nième nuit de cauchemar, épuisés. Les grimpeurs flottent quelque part entre la vie et la mort.

Le lendemain matin, ils se remettent en marche. Après un dernier moment d'égarement, le corps d'Antoine Vieille vacille et tombe dans la neige. C'est le premier à flancher. La cordée abandonne ce premier corps inerte, que la fatigue et la déshydratation ont achevé. La descente continue toute la journée dans un épais brouillard. Puis enfin, au milieu de la nuit de samedi à dimanche, Bonatti et Gallieni arrivent au refuge Gamba. Une équipe de secours y passait la nuit. Tout le monde est réveillé et très vite, ces Saint-Bernard italiens partent dans la nuit à la recherche du reste de la cordée.

Pierre Mazeaud arrive au refuge Gamba au petit jour le dimanche, aidé par les sauveteurs de Courmayeur. Ils l'ont retrouvé alors qu'il allait lui aussi abandonner la partie.

Les trois autres alpinistes n'ont pas survécu. Kohlman est mort quelques heures plus tôt, tout comme Oggioni et Guillaume. Ils étaient sept à être partis pour le Pilier du Frêney, ils ne sont que trois à rentrer vivants.

Après cette tragédie, Pierre Mazeaud continuera à réaliser des premières dans les Alpes, en France comme dans les Dolomites. Plus de 15 ans plus tard, il dirigera l'expédition française à l'Everest. Aux côtés de Jean Afanassieff et de Nicolas Jaeger, il sera de la première cordée tricolore sur le toit du monde. Le Pilier du Frêney sera ouvert pour la première fois quelques semaines après ce terrible cauchemar. Parmi les vainqueurs de la voie : l'Anglais Chris Bonington[88].

---

[88] Une controverse a agité cette première puisqu'une cordée française emmenée par René Desmaison était presque en même temps sur le Pilier. Il semble pourtant que les Anglais aient été plus forts, quand bien même Desmaison voulait soudainement se voir intégrer à leur cordée et auréolé de leur victoire. Dans la vallée, revoir des hommes s'aventurer sur les lieux de la tragédie en a ulcéré plus d'un. A commencer par Pierre Mazeaud.
Pour découvrir Bonington, *Voir Chapitre 27* 📖 *Chris Bonington à l'Annapurna.*

27. Chris Bonington à l'Annapurna
quand la face sud flanche - 1970

Une cordée anglo-saxonne va s'attaquer à l'Annapurna par son versant le plus dur. Jusqu'à la fin de l'expédition, la montagne saura rappeler à Chris Bonington qu'elle est seule maitresse à bord.
⊙ Massif des Annapurna, Himalaya, Népal.

Alors qu'il préparait une expédition en Alaska, Chris Bonington reçut la bonne nouvelle en 1969. Après des années d'interdiction, le Népal ouvrait enfin ses portes aux alpinistes étrangers. Avec ce nouveau terrain de jeu, les possibilités semblaient alors infinies.

Cap sur la face sud de l'Annapurna, majestueuse et objectivement très dangereuse. Huit grimpeurs sont rassemblés, tous de la pointure de Bonington : Nick Estcourt, Martin Boysen, Dougal Haston, Ian Clough, Mick Burke, Don Whillans. Seul Américain dans cette pléiade de Britanniques : Tom Frost. Fort de cette destination légendaire et de ce casting impressionnant pour l'époque, le chef d'expédition parvient à vendre des droits à deux chaînes de télévision. Le financement de l'aventure est dès lors assuré.

Le matériel part alors par les océans alors que les hommes se préparent à voyager jusqu'en Inde par les airs. Avec le retard pris par le bateau, c'est avec du matériel récupéré de-ci de-là[89] que l'expédition commence.

---

[89] Notamment auprès de l'expédition de l'armée britannique installée au pied de la face nord.

En à peine plus d'une semaine, plusieurs camps d'altitude sont installés : le dernier à près de 6.100 mètres. Et puis le rythme ralenti, un mois est nécessaire pour les trois cents mètres qui suivent dans un air raréfié où les grimpeurs fatiguent vite. Mais tout le monde met la main à la pâte : des porteurs, des sherpas et même un des membres de l'équipe de télévision. Tous travaillent à alimenter les camps pour soutenir le labeur des hommes de tête qui ouvrent péniblement la voie. Les difficultés techniques de l'ascension sont nombreuses mais les personnalités des grimpeurs ne vont pas simplifier les choses. En tant que chef d'expédition, Chris Bonington doit évidemment composer avec la forme physique de chaque grimpeur mais aussi avec leurs humeurs, leurs ardeurs, leurs rivalités, leurs coups d'éclats. Son expérience passée dans l'armée n'est pas suffisante, les ordres ne peuvent pas seuls régir une telle expédition. Il faut passer maître dans l'art du compromis, de l'accommodement.

Vers la fin mai, les bouteilles à oxygène font leur apparition pour pallier le double effet conjugué de l'altitude et de la fatigue croissante des organismes. La plupart des passages délicats sont équipés de cordes fixes. Pendant que la tempête s'abat sur les camps intermédiaires, Don Whillans et Dougal Haston se hissent par-delà le camp 6 en vue d'aller installer la dernière tente. Mais ils abandonnent vite l'idée d'un ultime bivouac. L'objectif parait si proche désormais qu'ils ne s'arrêtent plus. C'est ainsi qu'ils arrivent tour à tour au sommet de l'Annapurna. A quelques jours près c'eût été la seconde ascension de cette montagne depuis l'exploit des Français en 1950[90], mais le Colonel Henry Day de l'Armée britannique avait réussi à atteindre la cime quelques jours plus tôt par la face nord.

Dans la foulée, Burke et Frost tentent à leur tour une attaque vers le sommet. Nous sommes le 30 mai. Les conditions ne leur permettent pas de réussir. Qu'importe, ils se résignent et font demi-tour. Dans la descente, Mike Burke rejoint Ian Clough. Ils s'engagent dans la dernière partie critique du parcours : le passage sous une longue barre de séracs. A tout moment, ces derniers peuvent s'écrouler. Mais ils tiennent bon

---

[90] *Voir Chapitre 17* 📖 *Louis Lachenal à l'Annapurna.*

jusqu'à présent, et le passage le plus exposé ne prend guère plus de deux minutes à franchir. Pourtant, dans un grand fracas, l'un de ces immeubles de glace se détache alors de la montagne. En quelques secondes, il s'abat sur les grimpeurs. Burke parvient à reculer avant l'impact mais Clough ne peut pas en dire autant. Burke se tire d'affaire, son compagnon a disparu. Quelques sherpas arrivent sur place de longues minutes après l'impact. Ils retrouvent le corps inanimé d'Ian Clough. L'expédition se termine de la plus funeste des manières, par un enterrement. Une tombe est creusée pour le grimpeur du Yorkshire au pied de l'Annapurna.

Des années plus tard, Bonington, Burke, Boysen et Haston se retrouveront pour une expédition sur la face sud-ouest de l'Everest, aux côtés de Doug Scott[91]. On ne saura jamais si Burke, qui avait échappé aux séracs de l'Annapurna, était arrivé en haut. Il ne redescendra pas de son attaque vers le sommet et son corps ne sera jamais retrouvé. Haston ira également faire un petit tour au Cerro Torre, en vain[92]. Quant à Nick Estcourt, il sera de l'équipée de Bonington à l'Ogre en 1977[93] puis l'année suivante au K2. Ils n'atteindront pas le sommet et Estcourt sera emporté par une avalanche sur l'Arête Ouest. D'autres grimpeurs de légendes s'attaqueront à cette terrible face sud de l'Annapurna, comme Ueli Steck en 2013[94].

---

[91] *Voir Chapitre 30* 📖 *Doug Scott à l'Ogre.*
[92] *Voir Chapitre 24* 📖 *Toni Egger au Cerro Torre.*
[93] *Voir Chapitre 30* 📖 *Doug Scott à l'Ogre.*
[94] *Voir Chapitre 48* 📖 *Ueli Steck à l'Annapurna.*

28. Reinhold et Günther Messner au Nanga Parbat
une histoire de frères - 1970

Deux Italiens germanophones, les frères Messner, vont écrire une page de l'histoire du Nanga Parbat, au Pakistan. Une histoire dont beaucoup de pages sont rédigées en allemand.
⊙ Massif du Nanga Parbat, Pakistan.

Noël 1969, le docteur Karl Herrligkoffer confirme à Reinhold et son petit frère Günther qu'ils feront partie d'une expédition himalayenne en cours de préparation. Ils ont tout juste la vingtaine. Ils vont donc faire leurs bagages pour rejoindre les pentes raides du Nanga Parbat. Dix-sept ans après la première expédition réussie sur cette montagne du Pakistan, déjà organisée par Herrligkoffer, il est question de s'attaquer au versant le plus dur, au Sud. Le Rupal. Avec 4.500 mètres de verticale, il s'agit de la paroi la plus haute du monde. Bien qu'italiens, les deux frères originaires du Tyrol sont germanophones. Ils sont également de grands grimpeurs, aux multiples réussites dans les Alpes. Quand Herrligkoffer constitue son équipe pour retourner au Nanga Parbat, il choisit d'office Reinhold. Günther s'ajoute aux participants en dernière minute, suite à la défection d'un autre alpiniste, et sur proposition de son grand frère.

Depuis plusieurs années, les deux grimpent et s'illustrent dans les Alpes mais en partant pour l'Himalaya, ils entrent dans une nouvelle dimension. Une partie de l'équipe fait le long voyage par la route. Le chef d'expédition, Reinhold et quelques autres prennent l'avion quelques semaines plus tard. Les deux groupes se rejoignent fin avril 1970 à Rawalpindi, Pakistan.

Quelques jours plus tard, un avion les emmène jusqu'à Gilgit et des jeeps prennent le relais sur des pistes cahoteuses. Il faut ensuite se résoudre à marcher. Une quinzaine de porteurs se répartissent de lourdes charges. Avec les alpinistes, la caravane compte près d'une trentaine d'hommes et une femme. Alice Von Hobe, pharmacienne munichoise de 30 ans, est de l'aventure. Elle ne grimpe pas mais compte bien se rendre utile au camp de base. Mi-mai, le dit-camp est installé au pied du versant de Rupal, à 3.600 mètres d'altitude.

Deux jours plus tard, un premier camp d'altitude est mis sur pied à 4.700 mètres. Les hommes se relaient pour équiper la voie entre minuit et dix heures du matin, avant que le soleil ne vienne transformer la paroi en fournaise. Les autres camps sont mis en place les jours suivants : camp II à 5.500 mètres, camp III à 6.000 mètres… Le mauvais temps s'immisce dans cette mécanique bien huilée et retarde tout. Le camp IV ne sera inauguré que le 23 juin, plus d'un mois et demi après le précédent, alors qu'il avait fallu 2 jours entre le camp II et le camp III !

Tout n'est pas rose dans le groupe, des rivalités entre grimpeurs, un chef d'expédition très rigide… Les longues semaines d'attente n'ont pas aidé à apaiser les tensions. Bien au contraire, le camp de base s'est transformé en cocotte-minute.

A la fin du mois de juin, à la faveur de quelques heures de beau temps restantes, Reinhold Messner s'engage seul dans la dernière partie de la face : le couloir Merkl. Merkl, c'est Willy Merkl. Un alpiniste décédé en 1934 sur cette même montagne. Son demi-frère ne rêve que d'une chose, honorer la mémoire du défunt alpiniste en domptant cette montagne. Ce demi-frère, c'est Karl Herrligkoffer, chef de l'expédition de 1970. Il était à la tête de la première ascension réussie en 1953[95], déjà obnubilé par le Nanga Parbat. Et c'est encore lui qui est de retour en cet été 1970 pour une tentative de première ascension du versant le plus difficile.

---

[95] *Voir Chapitre 20* 📖 *Hermann Buhl au Nanga Parbat.*

Contre le plan préétabli, Günther se lance à son tour dans la dernière partie de l'ascension. En quelques heures, en suivant la trace, il a rejoint son frère. Le surplus d'énergie dépensé pour rattraper son ainé lui manquera quelques heures plus tard, mais il ne le sait pas encore. La fin de l'ascension est dure, interminable, mais les deux Tyroliens finissent par se dresser au sommet du Nanga Parbat. Ils ont vaincu le Versant de Rupal.

Les deux grimpeurs sont éreintés. Günther ne se sent pas la force de descendre par la même voie. Ils finissent donc par se diriger vers un itinéraire de retraite supposé plus facile. Le Diamir. Mais ils ne connaissent pas ce versant et il n'est pas du tout équipé. Sans même une corde, ils n'ont pourtant pas d'autre choix que de se jeter dans ces pentes enneigées. Fatigue, hallucinations, les frères sont au bout de leurs forces. Un deuxième bivouac improvisé et la descente se poursuit. Alors que les alpages verdoyants sont enfin à portée de main, ils se séparent, sans trop le vouloir. Lorsque Reinhold commence à se faire du souci, ne voyant pas son frère le rejoindre, il est déjà bien trop tard.

Il va essayer de le retrouver, mais en vain. Une chute de séracs l'a certainement englouti. Dans la confusion, la fatigue aidant, Reinhold ne s'est aperçu de rien. Il est maintenant seul, à des kilomètres de son camp de base, séparés par un colosse de pierres, de neige et de glace. Le jour suivant, perdu, il trouve des paysans pakistanais qui vont l'aider à s'en sortir.

De l'autre côté de la montagne, le camp de base a été replié. La caravane s'est remise en branle, direction Gilgit. Elle rentre avec deux alpinistes en moins : les deux frères Messner. Les autorités pakistanaises finissent par joindre l'expédition et quelques jours plus tard, Karl Herrligkoffer est au chevet d'un Reinhold Messner miraculé.

Souffrant de gelures, il sera amputé de quelques phalanges. Cette terrible expérience, accompagnée d'un deuil inconsolable, n'aura pourtant pas été la fin de sa carrière. Bien au contraire. Dans les seize années qui suivront, Reinhold Messner atteindra le sommet de la totalité des montagnes dépassant 8.000 mètres d'altitude. Il sera le premier homme à réaliser pareil exploit. Il prendra sa retraite d'alpiniste dans les années 2000. Plusieurs observateurs contesteront la véritable réalisation du sommet par les frères Messner cette année là. Reinhold aurait-il trouvé plus facile d'accepter la mort de son frère en lui « offrant » cette victoire au sommet ?[96]

Le corps de Günther Messner ne sera retrouvé qu'en 2005, calmant enfin la controverse. Il était bien sur le versant qui confirmait très certainement un passage par le sommet. Karl Herrligkoffer retournera au Nanga Parbat et sur bien d'autres montagnes d'Himalaya. Organisateur et chef d'expédition, il n'aura jamais atteint un seul de ces terribles sommets.

---

[96] Cette histoire n'est pas sans rappeler les mensonges de Cesare Maestri au sujet de la mort de Toni Egger sur le Cerro Torre. *Voir Chapitre 24* 📖 *Toni Egger au Cerro Torre.*

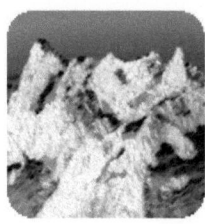

29. René Desmaison aux Grandes Jorasses
le coup d'éclat fatal - 1971

Grimpeur iconoclaste, René Desmaison va faire parler de lui une nouvelle fois, d'une bien triste manière. Il s'attaque à la face nord des Grandes Jorasses en plein hiver, avec un jeune guide.
⊙ Massif du Mont Blanc, France.

Depuis son adolescence sur les rochers de Fontainebleau, le jeune René Desmaison a fait du chemin. Quand il réussit l'ascension de l'Eperon Marguerite aux Grandes Jorasses durant l'été 1958, il a 28 ans et une liste de sommets conquis qui s'allonge inlassablement. Mais dans le monde de la haute montagne, Desmaison dénote. Son franc-parler et sa fâcheuse tendance à n'en faire qu'à sa tête commencent à lui jouer des tours. En 1966, contre l'avis de la Compagnie des Guides de Chamonix, il se lance dans un périlleux sauvetage de deux Allemands en perdition aux Drus. Il vend les images de sa réussite à Paris Match. Quelques mois plus tard, il tourne une publicité pour le BHV au sommet du Mont Blanc. Et ce ne sont que quelques exemples emblématiques de ce dont est capable le personnage. Exclu de la Compagnie des Guides pour son comportement, il n'obtient pas le rôle de Chef d'expédition pour la conquête de l'arête Ouest du Makalu en 1971, qu'on lui croyait promis. Pourtant, c'est bien en cette même année que Desmaison va faire la couverture de toute la presse, mais pour une histoire autrement tragique.

Le 9 février 1971 à la mi-journée, Desmaison, 41 ans, quitte l'Aiguille du Midi à skis. Il est accompagné par un jeune Tourangeau, 24 ans seulement, petit prodige de la grimpe française, fraîchement auréolé de

125

son diplôme de guide de haute montagne. Serge Gousseault. Ensemble, ils ont une idée en tête : réaliser une grande ascension en plein hiver. Une autre cordée semble avoir eu la même idée et se dirige vers l'imposante Pointe Walker des Grandes Jorasses. Ils redescendent donc à Chamonix pour compléter leur matériel, histoire de pouvoir rivaliser sur ce même sommet.

Le lendemain, ils sont de retour dans le Massif pour attaquer l'ascension de cette fameuse face Nord des Grandes Jorasses. La journée se déroule sans encombre et la nuit au Refuge de Leschaux également. Les premières difficultés sont pour le jour suivant. La progression est lente car les conditions ne sont pas bonnes : la glace est omniprésente et comble les moindres prises du rocher. La nuit suivante est des plus spartiates, par des températures sibériennes. Le bivouac minimaliste est dressé à la hâte alors que les rayons du soleil ont disparu depuis plusieurs heures.

Le vendredi, l'ascension reprend vers huit heures et la cordée avale doucement les mètres de fissures, de rochers et de glace. C'est le début de la partie la plus technique. Quand Desmaison et Gousseault s'installent pour la nuit, ils n'ont pas gravi deux cents mètres.

Au soir du troisième jour sur la montagne, alors que la fatigue commence à se faire sentir, la neige vient compliquer la donne. Au petit matin suivant, la petite tente de paroi est cernée de brouillard. Les jours s'enchaînent et les progrès sont lents, très lents, et les nuits de plus en plus inconfortables.

Assez vite, les grimpeurs se rendent à l'évidence, les conditions rendent l'atteinte du sommet quasi-impossible. Et comme elles semblent se détériorer, ils ne sont même pas sûrs de trouver une échappatoire... Gousseault n'est plus fatigué, il est terrassé. Ses mains, très abîmées par le froid, l'empêchent de grimper correctement. Quelques heures plus tard, elles finissent par être inutilisables, irréversiblement pétrifiées.

Le vendredi matin, après une Nième nuit à somnoler, le calvaire continue. Quelques mètres sont gagnés sur la face, au prix de terribles douleurs pour le jeune grimpeur qui perd peu à peu pied. Le samedi matin, un hélicoptère des secours approche de la paroi. Un échange de signes entre Desmaison et un sauveteur précipite la fin tragique de cette histoire. Croyant comprendre que tout va bien et que les grimpeurs continuent de monter, les sauveteurs volent porter la bonne nouvelle à Chamonix.

Quelque part entre le 20 et le 22 février, Serge Gousseault meurt, dans les bras de Desmaison. Dans cette situation catastrophique, le survivant n'a plus tout à fait la notion du temps alors la date n'est pas très précise. Entre temps, une nouvelle rotation d'hélicoptère a encore donné de faux espoirs à la cordée en détresse.

A son tour, Desmaison a perdu la force de bouger. Combien de temps va-t-il encore tenir ? Ce n'est plus qu'une question d'heures avant que le second grimpeur rejoigne le premier. Ce n'est finalement que le 25 février que les secours parviennent à atteindre le repli de la paroi où attendait Desmaison. La réputation de l'alpiniste n'a sans doute pas accéléré les secours qui pensaient d'abord à une mauvaise blague. Maurice Herzog, rentré de l'Annapurna[97] et maire de Chamonix, a été montré du doigt pour n'avoir pas facilité le sauvetage.

Dans tous les cas, les secours seraient-ils arrivés avant que Gousseault ne trouve la mort ? Difficile de l'affirmer.

Deux hivers plus tard, René Desmaison reviendra dans cette même voie aux Grandes Jorasses pour terminer ce qu'il avait entrepris en 1971. Dès lors, cette voie sera baptisée Voie Gousseault, en hommage à son compagnon de cordée, resté dans la face deux ans auparavant.

---

[97] *Voir Chapitre 17* 📖 *Louis Lachenal à l'Annapurna.*

30. Doug Scott à l'Ogre
la montagne qui portait bien son nom - 1977

S'attaquer à une montagne qui s'appelle « l'Ogre » ne peut pas être une partie de plaisir. Au Karakoram, Doug Scott et Chris Bonington vont l'apprendre à leurs dépends.
⊙ Massif du Karakoram, Pakistan.

Au mois de juin 1977, Doug Scott et Chris Bonington arrivent au Pakistan. Ils ne viennent pas seuls. A leurs côté, Mo Anthoine, Paul Braithwaite, Clive Rowland et Nick Estcourt. A eux six, ils représentent alors la fine fleur de l'alpinisme britannique. L'idée de s'attaquer à l'Ogre vient de Scott mais il n'a pas eu à insister pour convaincre les cinq autres de le suivre. La réputation de cette montagne la précède, elle est à cette époque l'une des plus dures. Avec un sommet à 7.285 mètres, elle combine difficultés techniques et haute altitude. Dans la décennie précédente, plusieurs expéditions britanniques et japonaises s'y sont essayées, en vain. En cet été 1977, l'Ogre – ou Baintha Brakk en Balti – est toujours invaincu.

Depuis Skardu, les six Anglais s'enfoncent dans les montagnes. Après le petit village d'Askole, la marche d'approche quitte le chemin du célèbre glacier du Baltoro. Celui qui amène le grimpeur jusqu'à la plupart des 8.000 du Karakoram. L'équipe oblique vers le Nord, en direction du glacier du Biafo. Cette langue de glace gigantesque débouche sur le glacier du Baintha Brakk qu'il faut remonter pour avoir enfin la chance de l'apercevoir. L'Ogre.

A la fin du XIXème siècle, un explorateur anglais lui donne ce surnom, en référence à l'Eiger suisse. La montagne ne frappe pas par sa beauté, son élégance. Mais elle est imposante, colossale... Elle porte bien son nom. Les voies possibles sont multiples et l'expédition, faute de leader, ne se décide pas. Se forment alors deux groupes pour deux voies différentes ! Le camp de base est partagé avec une autre expédition anglaise, bien tentée par le Latok[98], un sommet voisin.

Une chute de pierre compromet sérieusement l'itinéraire dans lequel se sont engagés Scott et Braithwaite. Ce dernier, blessé, est au repos forcé au camp de base. Les autres grimpeurs se regroupent et atteignent rapidement des points de vue saisissants sur le Latok tout proche et même sur le lointain Nanga Parbat quand le temps se dégage. Après de multiples hésitations dues à une météo changeante, Bonington et Estcourt arrivent au sommet ouest, une antécime plus facile d'accès que le véritable sommet. Le duo redescend au camp de base. Au même moment, l'expédition au Latok[99] vient de perdre l'un de ses membres, tombé au fond d'une crevasse.

Malade à l'issue de la première ascension, Estcourt jette l'éponge. Braithwaite est toujours convalescent. Les quatre autres repartent à l'assaut de l'Ogre. Le vrai sommet n'a pas encore été atteint ! Après plusieurs jours d'une ascension périlleuse et très technique, seuls Scott et Bonington vont au bout. Les deux autres ont rebroussé chemin en cours de route. Le 13 juillet, le sommet est donc conquis à la tombée du jour ! Il ne reste plus qu'à descendre. Mais ce qui se révèle souvent plus facile et rapide que la montée va vite devenir un véritable cauchemar.

Dans la pénombre des premiers rappels, une glissade et un violent choc secouent Scott. La facture est salée : les deux chevilles cassées. Il ne tient littéralement plus sur ses jambes. Hélas, ils n'ont emporté aucun matériel de bivouac, ni aucune nourriture, bien décidés à revenir à leur

---

[98] Latok, 7.145 mètres, également invaincu à cette époque.
[99] Le sommet du Latok devra patienter jusqu'en 1979 pour qu'une expédition asiatique parvienne au sommet pour la première fois.

dernier abri après avoir vaincu le sommet. La première nuit à la belle étoile les fatigue considérablement.

Le lendemain, après quelques longueurs en rappel, ils rejoignent Anthoine et Rowland qui montaient à leur rencontre. Ils passent la nuit suivante dans une grotte creusée dans la neige. Malgré l'absence d'antidouleurs, Scott semble surmonter la situation. Mais c'est alors que le temps se gâte. Une tempête de neige et des vents furieux les empêchent de bouger. Ils passent une journée de plus dans leur abri. Mais le jour suivant, alors que la tempête ne semble pas vouloir faiblir, ils se résolvent à sortir. Ils n'ont rien à manger, ils ne peuvent rester là indéfiniment. Ils parviennent à descendre quelques centaines de mètres pour trouver un nouvel abri pour la nuit. La tempête ne se calme toujours pas. Dans la violence de la descente, Bonington se casse plusieurs côtes. Scott manque de dévisser fatalement. Encore une nuit improvisée, puis deux, sans que l'Ogre ne leur laisse le moindre répit.

Au cinquième jour sans nourriture, le ciel se dégage enfin. Mais les organismes sont atteints. Bonington présente les symptômes d'un œdème pulmonaire et avance très péniblement. Scott progresse sur les genoux. Vu les délais pris par le groupe, le camp de base a été abandonné. Les porteurs, faute de salaire, sont rentrés chez eux. Comprenant que quelque chose avait mal tourné, Nick Estcourt est descendu en chercher d'autres pour venir secourir ses compagnons de cordée.

Quatre jours s'ajoutent au calvaire avant qu'Estcourt ne soit de retour. L'évacuation de Scott se fait rapidement mais l'hélicoptère ne peut emmener Bonington qui doit patienter jusqu'à son retour. Entre temps, le reste de l'expédition repart vers la civilisation, à pied puis en jeep, laissant Bonington et ses côtes cassées. Presqu'une semaine s'écoule avant qu'un hélicoptère n'arrive enfin. Celui qui devait venir cinq jours plutôt s'était écrasé du côté de Skardu.

Doug Scott continuera sa carrière en Himalaya : au Tibet, au Népal comme au Bhoutan. En 1982, il grimpera notamment la face sud du Shishapangma, aux côtés d'Alex MacIntyre.

31. Peter Habeler à l'Everest

sans oxygène c'est possible - 1978

> **Les scientifiques sont alors incapables de le certifier. Le corps humain peut-il grimper au sommet de l'Everest sans bouteille d'oxygène ? Peter Habeler et Reinhold Messner vont tenter de le découvrir.**
> ⊙ Massif de l'Everest, Himalaya, Népal/Tibet(Chine).

Everest, 8.848 mètres. Impossible d'atteindre une telle altitude sans être violemment diminué. Au milieu des années 70, près d'une vingtaine d'expéditions ont déjà réussi cette ascension, sur les traces d'Edmund Hillary et Tensing Norgay[100]. Tous sans exception ont utilisé la seule et unique méthode possible : des camps d'altitude généralement reliés par des cordes fixes, et des bouteilles d'oxygène pour tous au-delà d'une certaine altitude. Le style himalayen.

Pourtant en 1975, une nouvelle manière de faire se dessine. Au Karakoram, l'Autrichien Peter Habeler et l'Italien Reinhold Messner viennent de réussir l'ascension de la face nord-ouest du Hidden Peak en style alpin et sans oxygène supplémentaire. Des expéditions légères peuvent donc réussir. Il n'est plus obligatoire d'assiéger la montagne. Et l'oxygène n'est pas indispensable. A l'altitude du Hidden Peak, on en a la preuve empirique. On se souvient même de l'exploit d'Hermann Buhl jusqu'aux 8.126 mètres du Nanga Parbat[101]. En 1953, il n'avait pas utilisé de bouteille... Mais entre 8.100 et 8.848... personne ne peut affirmer que

---

[100] *Voir Chapitre 19* 📖 *Edmund Hillary à l'Everest.*
[101] *Voir Chapitre 20* 📖 *Hermann Buhl au Nanga Parbat.*

le corps humain parviendra à respirer. Peter Habeler et Reinhold Messner vont prendre ce pari risqué. Ils iront à l'Everest en style alpin sans oxygène.

En mars 1978, ils se joignent à la logistique de la première expédition autrichienne à l'Everest, dirigée par Wolfgang Nairz. Ce guide autrichien a déjà mené plusieurs équipes au Manaslu ou au Makalu. Il accepte d'intégrer le duo qui aura un rôle à part. Ils partageront les deux premiers camps et les échelles du glacier du Khumbu mais ensuite, Habeler et Messner évolueront seuls.

Fin avril, alors que les organismes sont déjà bien acclimatés, Habeler et Messner font une première tentative. Aux alentours des 7.000 mètres, l'Autrichien est malade ; son système digestif le fait souffrir. Il fait demi-tour pendant que Messner tente sa chance avec deux sherpas. Ils parviennent péniblement au Col Sud, près des 8.000 mètres, et sont pris dans des vents très violents. Ils patientent alors dans leur tente, en espérant qu'elle ne s'envolera pas. Ils savent qu'ils ne peuvent pas trainer éternellement à cette altitude là, dans la fameuse « zone de la mort », cette altitude au-delà de laquelle les corps se détruisent doucement mais sûrement. Ce n'est que le surlendemain que le vent se calme et qu'ils descendent, enfin. Ils ne sont pas passés loin de la catastrophe. Cette première tentative est donc un échec cuisant.

Début mai, le reste de l'expédition réussit son attaque du sommet. Avec l'aide précieuse des bouteilles d'oxygène. Motivés par ce succès de l'équipe, Habeler et Messner montent à leur tour. Le 6 mai, ils sont vers 7.000 mètres sur la face du Lhotse, là où Peter avait abandonné quelques jours plus tôt. Cette fois-ci, il est en pleine forme. Par sécurité, les sherpas qui les accompagnent transportent des bouteilles d'oxygène. Mais ils comptent bien s'en passer. Le lendemain, le Col Sud est atteint en quelques heures à peine. Les sherpas redescendent et Habeler et Messner se préparent pour la suite. Difficile de se reposer à cette altitude, en revanche tout liquide est bon à prendre pour éviter la déshydratation. Au milieu de la nuit, le duo se prépare à partir. Quand ils ouvrent la toile de la tente vers 5h, fin prêts à lever le camp, les nuages sont là. Le vent aussi. Ils décident d'y aller malgré tout.

En quelques heures de souffrance, à tracer leur passage dans une neige souvent profonde, ils parviennent au dernier camp[102], vers 8.500 mètres. Après une courte halte sous la tente, ils repartent. Chaque pas les rapproche un peu plus du sommet mais chaque mouvement est un supplice. L'air manque. Ils ont beau inspirer, il n'y a pas assez d'oxygène qui pénètre dans leur corps. Ils s'affaissent dans la neige à chaque nouvelle enjambée, ils ne savent plus très bien où ils sont, les hallucinations les guident. La douleur physique intense les accompagne jusqu'au point culminant. Presque une heure pour monter les dernières dizaines de mètres avant la cime. Ils ont réussi ! Une première qui fera date : sans oxygène au sommet de l'Everest. Encore aujourd'hui, un tel exploit est rare. Sur les centaines de « summiters » annuels, on compte sur les doigts de deux mains ceux qui s'aventurent sans oxygène.

Au sommet, allongés dans la neige, ils ne sont plus maitres de grand-chose. Messner délire un peu mais finit par sortir sa caméra pour enregistrer quelques images. Habeler est victime de crampes qu'il prend pour les prémisses d'une attaque cérébrale. Il ne tarde donc pas à descendre, laissant son compagnon de cordée terminer ses enregistrements. Ils se rejoignent une heure plus tard sous la tente du Col Sud où ils peuvent communiquer par radio avec le camp de base pour annoncer leur victoire ! Notons la vitesse record pour cette descente de près de 900 mètres de dénivelés à une telle altitude.

La suite du retour est nettement moins héroïque. Blessé à une cheville, Peter Habeler titube. Son nez est gelé. Quant à Reinhold Messner, l'ophtalmie des neiges le rend presque aveugle.

Par la suite, certains grands noms de l'himalayisme remettront en question cette réussite, à l'image du Docteur Herrligkoffer[103] qui fera courir le bruit de l'utilisation discrète de bouteilles d'oxygène sous les tentes des camps au-delà de 7.000 mètres. Les récits d'Habeler et

---

[102] Les expéditions qui grimpent aujourd'hui par cette voie n'utilisent plus de 5ème camp. Le camp du Col Sud sert de point de départ pour la dernière section de l'ascension, qui commence beaucoup plus tôt dans la nuit.
[103] *Voir Chapitre 20* 📖 *Hermann Buhl au Nanga Parbat.*

Messner divergeront également et ces différends mettront fin à leur cordée commune.

32. Jerzy Kukuczka au Lhotse
le début d'une longue série - 1979

La Pologne a toujours été une grande nation de l'Alpinisme. Y compris pendant la guerre froide où Jerzy Kukuczka va débuter sa quête de hauts sommets.
⊙ Massif de l'Everest, Himalaya, Népal/Tibet(Chine).

Pendant la guerre froide, la vie derrière le rideau de fer n'était pas vraiment rose. En Pologne, comme ailleurs, tout était rationné : la nourriture comme les possibilités de quitter le pays. Certaines exceptions existaient, comme les sportifs de haut niveau qui allaient représenter leur patrie dans des compétitions internationales. Dans cette même veine, des expéditions himalayennes étaient organisées... avec les moyens du bord. Acheter du matériel à l'étranger était hors de question, trop cher. Tout était donc fabriqué en Pologne : un tailleur se chargeait de quelques anoraks, un cordonnier des chaussures, etc. Et le moment venu, tout cet équipement et les grimpeurs partaient par la route en direction de l'Himalaya. Des semaines de convois à travers l'Asie Centrale pour arriver à destination. A la fin des expéditions, il n'était pas rare que du matériel soit malencontreusement « perdu » histoire de faire un peu d'argent de poche aux grimpeurs. A cette époque, il se murmure que certains magasins de Katmandou étaient remplis de matériel polonais venu tout droit de ces ventes improvisées !

Les grimpeurs de talent sont nombreux à Varsovie : Wanda Rutkiewicz[104], Krzysztof Wielicki, Wojciech Kurtyka, Leszek Cichy, Andrzej Zawada, sans oublier... Jerzy Kukuczka, un grimpeur originaire de Katowice.

Entrainé sur le rocher des Tatras dans les années 1960, Jerzy réalise de belles ascensions dans les Alpes avant de débuter une carrière d'himalayiste accompli qui le mènera en une dizaine d'années sur tous les plus hauts sommets. En 1977, il fait demi-tour à 200 mètres du but au Nanga Parbat mais la chance tourne deux ans plus tard.

En septembre 1979, alors que le club alpin polonais se prépare à attaquer une autre montagne, une expédition dirigée par Adam Bilczewski pour le compte du club de montagne de Gliwice part pour le Lhotse. On y trouve Jerzy avec ses compagnons de cordée, notamment Andrzej Czok, Janusz Skorek et Andrzej Heinrich surnommé Zyga ! Ils viennent de traverser toute l'Inde pour arriver au Népal. S'ils pensaient que la Pologne des années 1970 était un pays pauvre, ils ont été sacrément détrompés. Entre les rats qui courent dans les rues, les hôtels aux draps sales, la foule omniprésente, l'humidité collante,... les grimpeurs ne rêvent que d'une chose : quitter l'Inde au plus vite.

Et ils n'ont pas été déçus, une fois arrivés à Katmandou. Leurs calculs à la roupie près n'ont pas permis de payer tous les porteurs. Pas grave, les alpinistes porteront des charges eux-mêmes ! Et alors que la mousson ne faiblit toujours pas, ils traversent les hautes herbes couvertes de sangsues des forêts népalaises. Enfin, au cœur de la vallée du Khumbu, la pluie se calme. Ils viennent d'arriver au camp de base du Lhotse[105], au même moment une expédition internationale s'installe pour aller à l'Everest.

Grimper au sommet n'est pas assez, ils veulent plus. Le patriotisme n'est pas suffisant. Ils cherchent à réaliser quelque chose d'unique. Ce sera

---

[104] Que l'on retrouvera en 1986 sur le K2 aux côtés du couple Barrard : *Voir Chapitre 35* 📖 *Liliane et Maurice Barrard.*
[105] Le camp de base du Lhotse est commun avec celui de l'Everest, au pied du glacier du Khumbu.

donc une ascension sans oxygène. Heinrich n'y croit pas, il ne veut pas se passer de ses bouteilles. Pour des questions de sécurité, ils entreposent quelques cylindres à oxygène au camp IV à presque 7.800 mètres.

Après une longue acclimatation, la montée finale est lancée. Jerzy prend d'abord les bouteilles sur son dos, au cas où... sans les utiliser. Il les pose au bout de quelques heures, tout ce poids était bien inutile. Chaque pas est un calvaire. Tous les dix pas, Kukuczka doit s'arrêter. Ses poumons menacent d'exploser, son cœur bat à tout rompre. Il ne veut pas s'asseoir, il sait qu'il ne se relèvera pas et que le sommet s'envolera. Andrzej Czok le suit avec peine. Le Lhotse n'est pas un petit 8.000. Avec ses 8.511 mètres, ce sont plus de 3.200 mètres de dénivelé qu'il faut avaler entre le camp de base et le point le plus haut. Skorek et Heinrich, avec leur oxygène, viennent d'arriver au sommet, ils descendent déjà. Quelques minutes plus tard, c'est au tour de Kukuczka et Czok !

Au sommet, il sort un appareil photo qu'on leur a prêté, un trop lourd Exakta qui immortalise la scène. Il agite deux petits drapeaux : celui de son premier club scout et les couleurs de sa ville, Katowice. Avec Czok, il a réussi cette première ascension du Lhotse sans oxygène et c'est alors le début d'une course aux sommets pour Kukuczka.

Avant de repartir du camp de base, les Polonais apprennent la nouvelle : deux alpinistes de l'expédition internationale à l'Everest ne sont pas redescendus. Une Allemande, femme du chef d'expédition et un grimpeur suisse sont morts d'épuisement et d'hypothermie. Côtoyer la mort de si près ne va pas empêcher Kukuczka de continuer. En redescendant, il croise le déjà légendaire Reinhold Messner à Namche Bazar, il est en route pour l'Ama Dablam[106]. Ils échangent quelques mots au sujet du Nanga Parbat[107].

---

[106] Et en reviendra bredouille, son expédition ayant été arrêtée pour secourir une autre cordée en difficulté. Peter Hillary, le fils d'Edmund (le premier vainqueur de l'Everest, *voir Chapitre 19* 📖 *Edmund Hillary à l'Everest*), avait été pris dans une avalanche. Un des grimpeurs de ce groupe est mort sur le coup.

[107] Messner était au Nanga Parbat avec son frère en 1970. *Voir Chapitre 28* 📖 *Günther et Reinhold Messner au Nanga Parbat.*

Quelques jours après son retour à Varsovie, Kukuczka reçoit un appel d'Andrzey Zawada. Une proposition vite acceptée. Au début de l'année suivante, il est à l'Everest pour une nouvelle expédition polonaise. C'est l'une des dernières fois qu'il utilise de l'oxygène. Il enchaîne les « 8.000 », année après année. Avec un rythme de plus en plus soutenu, si bien qu'en 1987 quand il descend du Shishapangma, il les a tous gravis. Un an après Reinhold Messner, le Polonais Kukuczka inscrit son nom au Panthéon des himalayistes. Il faudra atteindre huit années pour qu'un troisième homme décroche ce Graal[108].

Après ces quatorze sommets, il promet à sa femme de lever le pied. Mais le sevrage d'une drogue telle que les hautes montagnes ne se fait pas facilement. En 1988, il continue avec une seconde ascension de l'Annapurna ; il emprunte alors un nouvel itinéraire en face sud. Et puis en 1989, c'est l'expédition de trop. Il revient au Lhotse, son premier « 8.000 ». Pas pour un pèlerinage, mais pour défier la face Sud[109]. Aux alentours de 8.300 mètres, il chute et la corde ne parvient pas à le retenir. Elle se déchire et Kukuczka se retrouve 2.000 mètres plus bas, le corps disloqué dans une crevasse. Son compagnon de cordée, Ryszard Pawlowski, redescend seul. La Pologne est en deuil. L'un des plus grands alpinistes polonais de l'Histoire n'est plus.

---

[108] C'est Erhard Loretan (Suisse) qui y parvient après une « course » mortelle sur son dernier sommet : le Kangchenjunga. *Voir Chapitre 37* 📖 *Benoît Chamoux au Kangchenjunga.*
[109] La face sud du Lhotse a été ouverte onze ans plus tard par une cordée russe. Quelques mois auparavant, le Yougoslave Tomo Česen affirma avoir réussi cette ouverture. C'était très probablement un mensonge.

33. Jim Bridwell à la Dent de l'Elan
Dancing Wu-Li Masters - 1981

> **Deux hommes, seuls dans les étendues désertes d'Alaska, vont tenter de dompter une montagne. Dans des conditions particulièrement difficiles.**
> ⊙ Chaîne centrale d'Alaska, USA.

Jim Bridwell, grimpeur atypique et créateur du secours en montagne du Yosemite, est un ardent défenseur de l'escalade libre. Il rencontre Mugs Stump à Grindelwald au début de l'hiver 1980-1981. Une bière en amenant une autre, ils parlent de l'Eiger et finissent par faire des projets d'ascensions lointaines. Quelques mois plus tard, ils sont tous les deux à bord d'un petit avion à hélice qui survole l'Alaska. Le pilote parvient à poser son Cessna quelques 200 km à vol d'oiseau au nord d'Anchorage, dans le massif du Denali, dans une zone où aucun autre moyen de transport ne permet de se déplacer. Les deux grimpeurs doivent jouer de la pelle et pousser un moment pour permettre à l'avion de redécoller du champ de neige où il venait de se poser. Quelques minutes plus tard, le bruit du moteur s'éloigne pour finir par disparaitre à l'horizon. Jim et Mugs sont seuls au monde dans les étendues sauvage d'Alaska.

Ils sont au pied de la Moose's Tooth, comprendre « la Dent de l'Elan », un sommet de près de 3.150 mètres. Conquis vingt ans plus tôt par un groupe d'Allemands, seules ses faces est et nord restent inviolée. Les américains se focalisent sur la face est. Et pour cause, c'est plus de 1.500 mètres de paroi verticale ponctués par des couloirs de glace difficilement praticables. Un rêve de grimpeur.

Ils montent la tente sur le glacier sur lequel l'avion les a laissés, histoire de se reposer une dernière nuit avant d'attaquer. Le lendemain, le temps est dégagé. Ils approchent du monstre. La paroi est très abrupte. La partie basse semble avalancheuse, si le temps se gâte : reculer n'est pas une option, il faut impérativement atteindre le sommet pour trouver une échappatoire par une autre voie. Durant la montée, les protections seront minimalistes, difficilement arrimées à une paroi fragile faite de neige et de glace.

Ils remplissent leur sac avec le strict nécessaire, quelques jours de vivres et d'essence pour le réchaud, tout le reste de la place est laissée au matériel de grimpe. Le départ est prévu pour le lendemain matin.

Au petit jour, ils s'engagent dans l'ascension. La neige coule continuellement dans la pente, réfrigérant les alpinistes. L'un après l'autre, ils passent en tête pour affronter ces cascades de poudreuse. Elles sont loin les parois du Yosemite, cuites par le soleil, où Bridwell a passé le plus clair de sa carrière de grimpeur. A la fin de cette première journée, ils aménagent un petit espace dans une pente de neige pour avoir suffisamment de place pour s'allonger. Bivouac douteux.

Le jour suivant est le plus délicat, c'est ce qu'ils pensent en tous cas. Avec une cheminée de 7 longueurs à plus de 80°, le passage se révèle plus technique que prévu. La texture de la glace compliquant sérieusement la donne. Partis à l'aube, ils grimpent sans s'arrêter jusqu'à 1h du matin. Mais le lendemain, après un bivouac pas vraiment reposant, ils sont au pied d'une difficulté encore plus grande, un véritable mur à première vue infranchissable. Voilà plusieurs heures qu'ils ne progressent plus, arrêtés par cette barrière, quand le ciel s'assombrit. La neige ne tarde pas à faire son apparition. Déshydratés, les deux grimpeurs ont du mal à progresser mais ils arrivent à passer ce mur au prix de longues heures d'efforts. Ils trouvent suffisamment de neige pour y creuser un petit abri. Lorsqu'ils se couchent dans leur troisième bivouac, il est déjà tard dans la nuit. Ils tentent de se réhydrater mais après quelques tasses de thé et de café, ils s'effondrent de fatigue.

Le quatrième jour, le soleil est de retour. Quatre heures suffisent à Bridwell et Stump pour rallier le sommet. Cette face est n'est plus la même, elle a été conquise. Leur voie porte désormais un nom. The Dancing Wu-Li Masters, en hommage à un livre paru deux ans plus tôt. Un manuel de mécanique quantique assez populaire qui vulgarisait le sujet. Le Maitre Wu-Li apprenant la physique à ses élèves en dansant.

Malgré les -30°C, ils passent la nuit au sommet, la descente promettant d'être sacrément technique et les arrêts quasi-impossibles. Mais les vivres sont épuisés, alors au petit matin, il est grand temps de descendre. Bridwell le pressent déjà, ce ne sera pas une mince affaire. Les possibles voies de descente sont supposément plus simples que celle empruntées à la montée. Encore faut-il que les conditions soient correctes. Avec la neige fraichement tombée, et le froid cinglant qui transforme en glace la moindre trace d'humidité, les difficultés ne s'additionnent pas, elles se multiplient.

Dans la descente, le relief de la pente empêche de voir dans quoi ils s'embarquent. Ils ne pourront savoir si la voie est praticable que quand ils seront en plein dedans, bien incapables de faire machine arrière. Mais la chance leur sourit. Ce coup de poker est payant. L'itinéraire choisi est très engagé mais ils arrivent à enchaîner les rappels et quelques heures plus tard, ils sont de retour sur le glacier. La tente qui les attend est complètement gelée mais qu'importe, ils ont réussi !

Même s'il réalisera par la suite quelques ouvertures loin de son continent, comme au Grand Capucin ou au Pumori[110], Bridwell se distinguera encore sur les parois du Yosemite. A la fin de sa vie, il aura pu se prévaloir de plus de 100 ouvertures de voies dans ce Parc National américain, en Californie.

---

[110] En 1999, il ouvre Odyssey sur le Grand Capucin. En 1982, il réalise une première en Face Sud du Pumori, baptisée « Sapphire Bullets of Pure Love ».

34. Joe Simpson au Siula Grande
la corde coupée - 1985

Que feriez-vous si votre compagnon de cordée vous entrainait avec lui vers la mort ? Couperiez-vous la corde entre vous ? Cas d'école avec Joe Simpson et Simon Yates au Siula Grande.
⊙ Cordillère Huayhuash, Pérou.

Dans son enfance, Joe Simpson avale en quelques heures l'Araignée Blanche[111], le récit de la première ascension de la face Nord de l'Eiger. C'est le début de sa passion pour les montagnes.

A 22 et 25 ans, Simon Yates et Joe Simpson quittent Lima au début du mois de juin 1985. Ils ont un objectif précis en tête. Le Siula Grande et ses 6.344 mètres dans la cordillère Huayhuash, un massif des Andes péruviennes. Cette montagne a déjà été gravie mais pas sa face ouest. Plusieurs cordées s'y sont essayées mais aucune n'a réussi.

Après six heures de route depuis la capitale du Pérou, il leur faut 2 jours de marche pour s'approcher de la montagne. Un ami resté au camp de base pour surveiller leurs affaires, ils partent vers la paroi. La première journée dans la face est très réjouissante. La cordée britannique progresse bien et la première nuit passée dans une grotte de glace est presque confortable.

---

[111] Récit de Heinrich Harrer qui retrace le succès de la cordée de Anderl Heckmair à l'Eiger (*Voir Chapitre 15* 📖 *Anderl Heckmair à l'Eiger*).

Le lendemain, leurs affaires se compliquent. Au-delà de 6.000 mètres, le mauvais temps s'installe sur le Siula Grande. En quelques minutes, le vent et la neige s'invitent dans l'ascension. La température chute, la visibilité est réduite à néant. Les coulées de neige fraîche se succèdent. Les grimpeurs, gelés, mettent près de cinq heures pour gravir 60 mètres. Mais ils parviennent à sortir des nuages et atteindre le sommet de cette immense face. Rapidement, ils s'engagent dans la descente. Le mauvais temps revient à nouveau. L'itinéraire choisi pour le retour est très exposé, la météo le rend suicidaire. Quelques dizaines de mètres plus tard, dans la pénombre de leur bivouac, leur réchaud rend l'âme. Ils n'auront plus d'eau.

Le lendemain, Simpson est en tête. Un piolet qui ripe dans un passage délicat et c'est la chute. Quelques dizaines de mètres de glissade, la corde qui le retient et une jambe qui subit un choc violent. Mauvaise nouvelle, Simpson a un tibia salement cassé. A cette altitude, il le sait : tout secours est impossible, il peut se considérer comme mort. Son compagnon de cordée risque fort d'être condamné lui aussi. S'il tente de le secourir, il risque de s'épuiser et de se blesser à son tour. S'il part seul, il risque de ne pas s'en sortir. Mais plutôt que d'abandonner Joe, Simon attache leurs deux cordes et commence à treuiller le blessé vers le bas. La tempête ne se calme pas et la douleur de Joe non plus.

Une rupture de pente entraine Joe dans le vide. Suspendu à plusieurs dizaines de mètres du sol, il surplombe les lèvres béantes d'une crevasse. C'est à ce moment là que Simon arrive au bout de la corde. Il ne peut plus descendre le blessé, bloqué dans le vide, la corde reste tendue : il ne peut plus rien faire. Petit à petit, le poids entraine Simon dans la pente. A tout moment, il risque de basculer et de faire une chute mortelle, entrainé par la corde. De longues minutes d'attente passent dans le froid et la nuit tombante avant que Simon ne prenne la seule décision possible. Après deux heures à résister, il attrape un canif dans une poche de son sac à dos et coupe la corde. Il en est convaincu, il vient de précipiter son ami dans une mort certaine. Joe Simpson chute effectivement dans la crevasse. Il se retrouve des dizaines de mètres plus bas, inconscient, mais son cœur n'a pas cessé de battre. A défaut de pouvoir ressortir, il est abrité du vent glacial.

Au même moment, Simon creuse un petit abri dans la neige pour y passer la nuit. Il essaie péniblement de se réchauffer mais c'est peine perdu. Il n'a plus rien à boire et la déshydratation fait son chemin.

Au même moment, Joe se réveille. Persuadé que Simon est toujours à l'autre bout de la corde, probablement mort, il tire dessus. Il espère que le corps de Simon finira par se bloquer et qu'il lui permettra de remonter. Lorsqu'il atteint le bout de la corde, il comprend malheureusement que c'en est bien fini.

En descendant, seul, Yates passe auprès de la crevasse et comprend où son copain est tombé. Mal en point, il ne pense même pas à jeter un coup d'œil dans le trou pour voir si Simpson n'est pas toujours en vie. De toute façon, il ne peut pas le croire. Il parvient finalement au camp, exténué.

Puisant au fond de lui-même, Joe parvient à trouver un peu d'énergie pour hisser son corps vers la sortie de la crevasse, à la faveur d'une autre issue découverte en descendant un peu. Fort heureusement, il était tombé avec ses piolets. Sans, il n'aurait rien pu faire. Il met des heures à réaliser ce qu'il croyait impossible : refaire surface sur le glacier. Au moment où il s'assoit à l'air libre, il reprend espoir mais est toujours bien incapable de se relever. Alors il rampe. Des heures durant, parcourant quelques mètres en suivant la trace laissée par Simon, puis s'effondrant de fatigue. Une nouvelle nuit passe et il continue son laborieux chemin de croix sur le glacier.

Le temps change et la trace de Simon disparait. A tout moment, Joe peut sombrer dans une nouvelle crevasse. Par chance, il n'en est rien mais une nouvelle journée a passé. Arrivé au pied du glacier, les pentes glissantes cèdent la place à un dédale de rochers. Impossible de ramper. Il doit essayer de se relever. Il sautille en prenant appui sur son piolet. Mais tous les trois pas, il chute et à chaque fois la douleur dans sa jambe est plus grande. Une nouvelle nuit passe. Il alterne entre désespoir et perte complète de lucidité. Il s'effondre définitivement à quelques centaines de mètres du camp de base. Persuadé que les deux autres sont partis depuis belle lurette.

Dans la nuit, il crie désespérément le nom de Simon. Et c'est un dénouement in extremis. Les deux allaient repartir le lendemain. Réveillé en pleine nuit, Simon entend une voix et sort de sa tente. A la lueur de sa lampe frontale, il remonte le lit de la rivière et découvre un corps immobile. Tellement amoché qu'il peine à croire que c'est bien Joe. Enfin sauvé.

Quatre jours durant, Joe Simpson aura défié les limites extrêmes de la survie humaine. Sans eau ni nourriture, il aura perdu près du tiers de son poids. Deux ans de convalescence et plusieurs opérations seront nécessaires pour que Simpson rechausse les crampons. Quelques années plus tard, il se retrouvera à nouveau dans une sale posture, une cheville cassée en pleine paroi.

A leur retour au pays, Simon Yates sera montré du doigt pour avoir coupé cette fameuse corde. Pourtant, son compagnon de cordée a toujours affirmé que c'était le bon choix. Il aurait fait la même chose si les rôles avaient été inversés.

35. Maurice et Liliane Barrard au K2
un couple à 8.000 mètres - 1986

Maurice et Liliane Barrard, couple le plus haut du monde, s'attaquent au second sommet de la planète, le K2. Une montagne qui ne pardonne pas les imprudences.
⊙ Massif du Karakoram, Pakistan/Chine.

Maurice et Liliane se rencontrent en 1973 au Pérou. Quatre ans plus tard, ils sont mariés et s'installent dans le Val de Loire. Elle est kiné, il est éducateur. Pour eux, bien qu'installés non loin de Chartres, la montagne n'est jamais loin. Dès que l'occasion se présente, ils s'embarquent dans des expéditions en haute altitude. D'abord chacun de son côté, Maurice est par exemple au K2 en 1980 avec Pierre Béghin[112], puis ensemble.

En 1982, ils sont au sommet du Gasherbrum II. L'année suivante, ils s'attaquent au Nanga Parbat. Ils rentrent bredouille, avec de belles frayeurs en mémoire et quelques doigts gelés. Ils persistent en 1984, toujours au Nanga Parbat. Ce coup-ci, leur meilleure préparation est payante. Ils parviennent au sommet à 8.126 mètres. Liliane est ainsi la première femme à gravir cette montagne du Karakoram. Le « couple le plus haut du monde » ne compte pas s'arrêter là. Après le Makalu en 1985, les revoici au Karakoram au printemps 1986. Objectif : le K2 et ses 8.611 mètres.

---

[112] *Voir Chapitre 36* 📖 *Pierre Béghin à l'Annapurna.*

Lorsqu'ils arrivent au camp de base sur le glacier Godwin-Austen, c'est la foule des grands jours. Pas moins de quatorze expéditions se sont fixé le même objectif. Parmi elles, les superstars de l'himalayisme de l'époque. On peut croiser les Polonais Wanda Rutkiewicz et Jerzy Kukuczka[113], l'Anglais Alan Rouse, l'Italien Renato Casarotto, l'Autrichien Kurt Diemberger ou encore le Yougoslave Tomo Cesen. Même Karl Herrligkoffer[114] est là ! Tous des noms illustres de l'alpinisme de haut niveau.

Chaque expédition a un itinéraire bien précis en tête et si tous visent le même sommet, il y a finalement assez peu de monde sur chaque arête ! Le couple Barrard entreprend de grimper par la voie normale, dite des Abruzzes[115]. Ils ne sont pas seuls. On retrouve dans leur groupe Wanda Rutkiewicz, très peu de sommet lui ont jusque là résistés, elle ne compte pas échouer au K2. Michel Parmentier, ancien correspondant de guerre au Liban et alpiniste expérimenté, est aussi de la partie. Après plusieurs semaines d'acclimatation, ils attaquent les premiers contreforts de la montagne le 18 juin. Direction le sommet.

Dès le premier jour, Parmentier est soucieux. Les Barrard ne semblent pas en forme. Ils montent péniblement de camp en camp. Les passages les plus techniques sont extrêmement laborieux, malgré les cordes fixes installées les semaines précédentes. Le 22 juin, le groupe quitte le camp IV pour l'attaque finale.

Moins de trois cent mètres sous le sommet, Liliane et Maurice sont exténués. A une altitude où l'hypoxie limite les capacités de réflexion, ils prennent la mauvaise décision. Au lieu d'entamer un demi-tour et de renoncer au sommet, ils décident de bivouaquer. 8.400 mètres, ce n'est pas une altitude pour se reposer, surtout quand on ne dispose que d'une simple tente.

---

[113] *Voir Chapitre 32* 📖 *Jerzy Kukuczka au Lhotse.*
[114] *Voir Chapitre 20* 📖 *Hermann Buhl au Nanga Parbat.*
[115] *Voir Chapitre 10* 📖 *Le Duc des Abruzzes au Chogolisa.*

Le lendemain, ils ont le courage de repartir, hypnotisés par la cime toute proche. Ils y arrivent à la mi-journée. Wanda est la première, décrochant ainsi le titre de première femme au sommet du K2. Le reste du groupe suit. Ils sont tous parvenus à vaincre le sommet mais le plus dur reste à faire, il faut redescendre ! Ils parviennent jusqu'à la dernière tente en fin de journée. Le lendemain, Parmentier est le premier à quitter l'abri. Vent violent, chutes de neige, froid terrible : la tempête s'est levée. On n'y voit plus rien. Les trois autres suivent, tant bien que mal. Arrivé au camp III, vers 7.000m, le journaliste est vite rejoint par la Polonaise. Mais pas de traces du couple Barrard. Dans leur état, certains passages de la descente dans une telle tempête étaient clairement suicidaires.

Le lendemain, Rutkiewicz va descendre jusqu'au camp de base. Parmentier, lui, va tenter de remonter à la recherche de Liliane et Maurice. Cette tentative est vaine et Parmentier manque d'y laisser sa vie. Il est sauvé in-extremis par le guidage radio avisé d'un grimpeur du camp de base, un certain Benoît Chamoux[116].

Fin juillet, en grimpant vers le sommet, Kurt Diemberger trouvera le corps de Liliane Barrard au pied de la voie. Celui de son époux ne sera retrouvé qu'à l'été 1998 par l'américaine Heidi Howkins.

Michel Parmentier continuera ses ascensions jusqu'à une terrible tempête en 1988 sur l'Everest. Son corps ne sera pas retrouvé. Wanda Rutkiewicz, de son côté, périra en 1992 au Kangchenjunga non sans avoir entre temps réussi l'ascension de cinq autres « 8.000 ».

En ce seul été 1986, vingt sept personnes auront atteint les 8.611 mètres d'altitude du K2. Mais treize auront péri sur ses pentes. Deux Américains pris dans une avalanche, deux Polonais qui chutent dans le vide, un Italien tombé dans une crevasse, un Hunza fauché par une pierre, cinq

---

[116] *Voir Chapitre 37* 📖 *Benoit Chamoux au Kangchenjunga.*

autres grimpeurs morts d'épuisement et le couple Barrard[117], disparu !
Prévert n'aurait pas osé un tel inventaire.

---

[117] Parmi eux : Renato Casarotto, roi italien des ascensions solitaire, Alan Rouse ou encore Julie Tullis, réalisatrice de films proche de Kurt Diemberger.

50 ascensions...

Toujours plus haut, plus fort, plus vite

Quand tous les sommets – ou presque – furent gravis, il fallut trouver de nouvelles manières de relever des défis en altitude. Les voies les plus techniques, les faces les plus exposées, les itinéraires les plus engagés succédèrent donc aux voies normales. Certains se lancèrent dans des ascensions durant les saisons les plus compliquées, faisant face à des températures arctiques et des vents sibériens. D'autres préférèrent le défi de la vitesse et gravirent en quelques heures des montagnes qui nécessitaient normalement plusieurs jours. D'autres enfin se lancèrent dans des collections de sommets, à l'image du club très fermé des himalayistes ayant gravi les 14 sommets de plus de 8.000 mètres. La créativité, elle, ne s'arrêtait pas, combinant tous ces défis pour en faire naitre de nouveaux.

50 ascensions...

36. Pierre Béghin à l'Annapurna
le maître et l'élève - 1992

Quand Pierre Béghin emmène Jean-Christophe Lafaille à l'Annapurna, c'est le maître qui explique la montagne à son élève. Et pourtant, le maître n'est pas infaillible.
⊙ Massif des Annapurna, Népal.

La France a une histoire avec l'Annapurna. 1950, c'est une expédition nationale française qui arrive au sommet pour une « double première » historique[118]. C'est la première fois qu'un homme parvient sur la cime de l'Annapurna. Et c'est la première fois qu'un homme atteint un sommet de plus de 8.000 mètres. Louis Lachenal et Maurice Herzog deviennent alors de véritables stars. Quelques mois après ce succès planétaire, Pierre Béghin voit le jour à Rotterdam.

A tout juste 21 ans, il grimpe en solitaire l'éperon Walker aux Grandes Jorasses. Cette réussite spectaculaire pour l'époque donne le ton de ce qui allait être une grande carrière d'alpiniste. Dix ans plus tard, il s'attaque aux sommets de l'Himalaya enchainant les expéditions victorieuses pour mieux revenir à son bureau d'ingénieur du Cemagref[119] à Grenoble où il étudie les avalanches. Sa carrière en Himalaya n'est pas faite que de succès. Cinq fois il s'attaque à l'Everest, en vain. Deux fois, il tente sa chance au K2, sans parvenir au sommet. Ce n'est qu'à la

---

[118] *Voir Chapitre 17* 📖 *Louis Lachenal à l'Annapurna.*
[119] Le Cemagref est désormais l'IRSTEA, Institut national de Recherche en Sciences et Technologies pour l'Environnement et l'Agriculture.

troisième tentative qu'il vaincra la deuxième montagne de la planète. La première, l'Everest, n'a jamais voulu de lui.

Pierre Béghin a 41 ans au début de son aventure à l'Annapurna. Son compagnon de cordée habituel, Christophe Profit, n'est pas disponible. Il propose donc à un jeune alpiniste du nom de Jean-Christophe Lafaille de l'accompagner. Il n'a jamais mis les pieds dans l'Himalaya mais il ne se fait pas prier. Quelques mois plus tôt, Lafaille était aux Grandes Jorasses pour une ouverture hivernale de haut vol. Non loin de la voie empruntée par Béghin vingt ans plus tôt.

Ils arrivent au Népal en septembre 1992, accompagnés d'Annie, l'épouse de Béghin. Cette dernière les quitte pour une expédition au Makalu. Ils rentrent vite dans le vif du sujet. La Face Sud de l'Annapurna les attend. Le groupe se dirige tranquillement mais sûrement vers le pied de la face. En plus de Lafaille et Béghin, quelques sherpas transportent du matériel et une équipe de télévision française fait aussi partie de l'aventure. Les journalistes repartiront quelques jours après être arrivés au camp de base. Une bonne partie de l'approche se fait sous la pluie mais le moral est bon quand la troupe arrive à destination. Petit à petit, Béghin et Lafaille apprennent à se connaître. Jusque là, ils n'ont jamais grimpé ensemble.

Depuis le camp de base, ils commencent à monter. Surtout de nuit pour éviter les trop fréquentes chutes de pierres. Quand le jour s'efface, le gel stabilise tant bien que mal la paroi. La journée, le soleil tape et transforme la face en étuve. Jusqu'à 40°C d'écart entre la nuit et le jour ! La face Sud de l'Annapurna[120], c'est presque 3.000 mètres de dénivelé à avaler, des pentes à 80°. Ils progressent bien et bivouaquent vers 7.400 mètres le 10 octobre au soir, surpris par le mauvais temps. Ils ont réussi à franchir l'une des zones les plus délicates de la paroi. Après une courte nuit, ils repartent vers le haut mais il faut vite se rendre à l'évidence, le temps se dégrade encore, battre en retraite est la seule solution raisonnable. La descente commence. Les rappels s'enchainent assez

---

[120] La première de cette face sud est signée C. Bonington. *Voir Chapitre 27* 📖 *Chris Bonington à l'Annapurna.*

efficacement. Pierre Béghin est un peu plus bas, Jean-Christophe Lafaille descend vers lui. La protection sur laquelle Béghin vient d'installer son rappel casse. Sans un bruit, sans un cri, sans une parole, il tombe dans la face. Une chute de près de 1.000m, sans issue, irréversible. Le maître abandonne son élève, tétanisé par la chute silencieuse à laquelle il vient d'assister. Lafaille doit alors descendre seul, sans matériel.

Il lui faudra cinq jours pour atteindre le camp de base, le bras droit cassé par une chute de pierres. Pendant ce temps, une cordée slovène tente de venir à leur secours, en vain. Lafaille sera finalement pris en charge au pied de la face. Pierre Béghin, lui, n'aura pas réussi à vaincre l'Annapurna.

Mais lorsqu'il disparait en ce mois de février 1992, bien que presque inconnu du grand public, il est sans conteste le plus grand himalayiste français de l'Histoire. Et l'un des plus grands himalayistes tout court. Jean-Christophe Lafaille continuera sa carrière en Himalaya, il reviendra trois fois à l'Annapurna. Seule sa dernière tentative, en 2002, sera victorieuse. Il s'engagera également dans une hivernale en solitaire au Makalu en 2006[121].

---

[121] *Voir Chapitre 43 📖 Jean-Christophe Lafaille au Makalu.*

37. Benoît Chamoux au Kangchenjunga
la course à la troisième place - 1995

Engagé dans une haletante et pourtant bien informelle course aux sommets avec un grimpeur suisse, le Français Benoît Chamoux va jouer son va-tout sur le Kangchenjunga, Népal.
⊙ Massif du Kangchenjunga, Népal/Inde.

Il y a des injustices. L'Everest et le K2, les deux sommets les plus hauts du globe sont mondialement connus. La montagne sur la troisième marche du podium, en revanche, est une grande oubliée du grand public. Personne ne connaît le Kangchenjunga. Pourtant, avec ses 8.586 mètres, elle en impose, à la frontière entre l'Est du Népal et le Sikkim indien. L'épisode qui va se produire à l'automne 1995 mérite que l'on s'attarde sur cette majestueuse montagne.

L'histoire commence bien plus tôt. En 1985, le Haut-Savoyard Benoît Chamoux est au sommet du Gasherbrum I. Trois ans plus tôt, le Suisse Erhard Loretan vainc le Nanga Parbat. Ils découvrent les « 8.000 » et pensent à Messner[122] et Kukuczka[123] qui sont à deux doigts de tous les avoir conquis. Eux aussi y parviendront se disent-ils. En septembre 1995, ils se retrouvent tous les deux au camp de base du Kangchenjunga. Le seul 8.000 qu'ils n'ont pas encore réussi à décrocher. La place de 3ème homme à avoir conquis les quatorze sommets de plus de 8.000 mètres est toujours à pourvoir. Et deux sérieux prétendants sont à quelques

---

[122] *Voir Chapitre 28* 📖 *Reinhold et Günther Messner au Nanga Parbat.*
[123] *Voir Chapitre 32* 📖 *Jerzy Kukuczka au Lhotse.*

jours de leur rêve. Ce n'est pas vraiment une course entre eux, mais la coïncidence veut qu'ils se retrouvent en même temps sur la dernière montagne qui manque à leur palmarès. Des deux, Chamoux est nettement plus compétitif que Loretan. Alors l'ambiance risque d'être glaciale au camp de base ! Pour ne pas dire funeste...

Loretan fait équipe avec un autre Suisse : Jean Troillet. Chamoux, lui, peut compter sur le Chamoniard Pierre Royer. Les Helvètes s'installent le 1er septembre à 5.350 mètres. Les Français montent leur camp à peine plus bas, quelques jours plus tard.

La cordée suisse a bien progressé dans son acclimatation. Loretan et Troillet sont prêts à partir pour le sommet le 20 septembre. Mais c'est la montagne qui décide. Ou plutôt, la météo. Elle ajoute quelques semaines d'attente, sous la forme de fortes chutes de neige. Le 3 octobre en pleine nuit, une cordée italienne a entamé l'ascension. Les Suisses suivent. Puis c'est au tour des Français. En deux jours, toutes les cordées sont réunies aux alentours de 7.800 mètres, au quatrième camp. Dernière étape, le sommet. Dans la nuit du 4 au 5 octobre, les cordées s'ébranlent.

Rikou, un des sherpas qui accompagne la cordée française glisse, exténué. Il chute sur plusieurs centaines de mètres. Mort. Les deux autres sherpas font demi-tour. Et ils ne comprennent pas pourquoi Chamoux et Royer n'en font pas autant. Entre hypoxie et soif de victoire, la raison ne l'emporte pas. Les Français continuent de monter.

Les Suisses arrivent au sommet à 14h40. Loretan a gagné. Il est le troisième homme. A la descente, ils croisent Chamoux et son comparse, à 8.400 mètres environ. Alors que le soleil se couche en milieu d'après-midi, Pierre Royer jette l'éponge. Il n'arrive plus à avancer. Alors qu'il fait demi-tour, Chamoux persiste. Ce n'est que vers 18h qu'il déclare forfait. Enfin. Il descend. Doucement. Vu son état de fatigue, chaque pas peut lui être fatal. Sa grande expérience lui dicte de ralentir, même si le vent se lève et que le froid est de plus en plus vif.

Il fait désormais nuit. Troillet est arrivé au camp de base. Loretan dort au camp III. Chamoux et Royer sont quelque part, en haute altitude, exposés au froid.

Le vendredi matin, à l'aube, la radio du camp de base retentit. C'est la voie de Chamoux. Il est perdu, il piste Royer et cherche désespérément à retrouver l'itinéraire de descente. La nuit a été trop dure. Il est à bout de force. Jean Troillet, les yeux rivés sur son télescope, tente de le guider par radio en lui indiquant comment rattraper la trace. Mais ce matin là, après un ultime « merci Jean », le petit point noir aperçu à la lunette sort du champ. Il vient de passer de l'autre côté de l'arête. Au camp de base, tout le monde réalise que c'est terminé. Il était incapable de continuer sa descente.

Dix jours plus tard, la cordée italienne réalise une dernière tentative d'ascension. Vers 8.300m, les grimpeurs transalpins découvrent les restes d'un bivouac, deux baudriers et la radio de Chamoux. Un avion survolera la zone, sans rien apercevoir. Il était de toute façon très improbable qu'ils aient pu survivre jusque là.

En 2011, le jour de son anniversaire, Loretan grimpera en montagne, avec sa compagne, Xenia, en direction du Grunhorn, un sommet « facile ». Xenia glissera et l'expérimenté Loretan n'arrivera pas à enrayer la chute. Deux cent mètres plus bas, elle survivra miraculeusement. Loretan n'aura pas cette chance.

Cette même année 2011, Jean Troillet fera un AVC sur les flancs de l'Annapurna. Il s'en sortira mais il lui faudra du temps pour s'en remettre. En 2016, il fêtera ses 50 ans d'alpinisme et ne cessera de planifier de nouveaux projets d'expéditions, notamment à destination des pôles.

A ce jour, aucun Français n'est parvenu à gravir les 14 « 8.000 » de la planète. Benoît Chamoux est celui qui s'en était le plus sérieusement approché.

38. Catherine Destivelle au Peak 4111
un tibia en Antarctique - 1996

L'Antarctique est un très beau terrain de jeu pour les alpinistes qui n'ont pas froid aux mains. Catherine Destivelle a fait partie de ces pionniers du continent blanc et a bien failli y rester.
⊙ Monts Ellsworth, Antarctique.

A la fin des années 1950, c'est le boom de l'exploration du continent blanc. L'Antarctique. En quelques années, une soixantaine de bases fleurissent aux quatre coins du continent. Ces pied-à-terre scientifiques marquent l'accélération de la découverte de ces dernières étendues vierges. Quelques années plus tard, une expédition[124] est au sommet du Mont Vinson, premier sommet d'Antarctique. Trente ans plus tard, en janvier 1996, c'est dans cette région que les Français Erik Decamp et Catherine Destivelle arrivent. En cet été austral, ils ont plein de projets. Le 10 janvier, un petit Twin Otter les dépose dans les Ellsworth Mountains, au nord du Mont Vinson.

Ils commencent par le Mont Viets, un sommet de 3.600 mètres qui domine le glacier Delyo. Sa face Sud ne leur résiste pas très longtemps alors ils décident d'enchaîner sur une difficulté d'une autre dimension, située à deux pas de la première et aperçue depuis son sommet. The Long Gables. C'est le nom donné à une montagne de plus de 4.100 mètres composée de deux sommets distincts, reliés par une arête. Le

---

[124] 1966, elle est emmenée par Nicolas Clinch, aussi vainqueur du Hidden Peak où s'était illustrée la première expédition française en Himalaya (*Voir Chapitre 13* 📖 *Pierre Allain au Hidden Peak*).

sommet sud n'a pas de nom, seulement une altitude 4.111 mètres, un peu approximative. Une vraie face Nord de près de 1.500 mètres de haut attend les deux Français. Pas de quoi effrayer Catherine Destivelle qui a déjà à son actif les trois plus grandes faces Nord des Alpes. En hiver et en solitaire. Aucune femme n'a réédité un tel exploit. Son compagnon de cordée n'est pas non plus un débutant et ils progressent assez efficacement. Pas besoin des skis pour approcher de la paroi, la neige est suffisamment compactée. S'en suit un couloir à environ 50° pendant près de deux tiers de la montée. Ce n'est que sur la partie la plus abrupte, quelques centaines de mètres sous le sommet, que le duo s'encorde. Idée judicieuse car les mésaventures à suivre auraient été toutes autres.

Le 13 janvier en fin de journée, alors que le soleil ne compte pas se coucher, ils arrivent au sommet. A la joie d'avoir réussi succède la traditionnelle séance photo pour immortaliser cet exploit. Quand Erik demande à Catherine de faire un pas en arrière pour mieux cadrer sa photo, sa jambe traverse une corniche. Elle tombe. Erik lâche son appareil photo et agrippe la corde pour enrayer sa chute en arrière. Vingt mètres plus bas, elle est arrêtée par la corde. Une fracture multiple à la jambe, une épaule sacrément endolorie. Elle est immobilisée. Erik parvient à la tirer jusqu'à lui, au sommet. Sa jambe n'est pas belle à voir, elle n'a clairement pas l'orientation normale... Mais l'artère n'est pas touchée, cela aurait pu être pire.

Avec une attelle bricolée dans une veste en polaire, il est temps de s'engager dans la descente. Il n'y a pas d'autre moyen. Impossible de joindre les secours qui ne pourraient de toute façon pas venir jusqu'au sommet. Bien d'autres cordées seraient restées fatalement bloquées mais ils sont solides. Impossible cependant de redescendre par l'itinéraire envisagé, la traversée de l'arête pour rejoindre la voie en question est hors de propos.

Catherine est descendue le long de la corde par leur voie d'ascension. Longueur après longueur. Elle reste consciente et arrive à installer des relais mais le gros du travail est réalisé par Erik Decamp. Il faut dire qu'elle n'a plus qu'une jambe et un bras valides. La face est sous le soleil de cet été austral. Une belle nuit ensoleillée. Une longue nuit. Avec une simple corde de 50 mètres, les rappels ne font que 25 mètres et le travail dure une quinzaine d'heures. Catherine a froid et sent que ses orteils commencent à geler, il ne faut pas trainer pour se sortir de cette face et enfin arriver au pied de la voie.

Mais il reste encore une bonne heure entre la face et le bivouac. Erik fonce pour récupérer un traineau et des vêtements chauds. Aller-retour, en deux heures Catherine est installée dans un campement de fortune au pied de la voie. Erik repart au camp de base, pour récupérer la radio et appeler les secours. L'appel ne donne rien et le temps semble se dégrader. L'heure tourne et Catherine, faute d'antidouleurs suffisamment forts, souffre le martyre. Au moins, les gelures ne sont pas bien méchantes.

Ce n'est que deux jours plus tard, après des heures terribles où la tempête menace de détruire la tente, que le temps se calme. L'avion est de retour le 16 janvier en milieu d'après-midi, il les ramène jusqu'à la base de Patriot Hills[125]. Quelques heures plus tard, Catherine Destivelle est admise à l'hôpital de Punta Arenas (Chili) pour y être opérée.

Cette expédition sera l'une des dernières de l'alpiniste française. Quelques années plus tard, elle ouvrira une nouvelle voie dans les Dolomites mais finira par se reconvertir en éditrice de livres spécialisés sur l'univers de la montagne. Erik Decamp continuera son métier de guide de haute montagne.

---

[125] Patriot Hills est une petite base privée située dans les Ellsworth Mountains. Elle sert de point de départ aux explorations de la région du Vinson. Des gros porteurs peuvent s'y poser.

39. Beck Weathers à l'Everest
le client miraculé - 1996

Les expéditions commerciales à l'Everest virent parfois au drame. Pourtant, au milieu de pareilles tragédies, un miracle est possible. C'est l'histoire de Beck Weathers.
⊙ Massif de l'Everest, Himalaya, Népal/Tibet(Chine).

Au milieu des années 90, les expéditions commerciales ne sont pas encore omniprésentes sur les plus hauts sommets. Les premières ne sont au camp de base de l'Everest que depuis quelques années, à la faveur de la libéralisation de cette activité par le gouvernement népalais. En deux décennies, le nombre de clients emmenés sur le toit du monde va être démultiplié. De quelques dizaines par an à la fin des années 90, à plusieurs centaines en 2017[126].

En 1996, alors que la française Chantal Mauduit[127] grimpe sur le Lhotse tout proche, une tragédie va se nouer à l'Everest. Une série d'incidents et une météo peu coopérante vont mettre à mal la prétendue sécurité vantée par les expéditions commerciales.

Le mois de mai est très chargé. Près de 500 alpinistes, guides et porteurs sont au pied de l'Everest, répartis sur les deux camps de base : au Népal et au Tibet. Parmi eux, certains ont succombé aux prospectus de papiers

---

[126] 455 alpinistes au sommet de l'Everest, uniquement par la voie népalaise. Parmi eux, 190 clients et guides étrangers, 32 clients népalais et 233 Sherpas.
[127] *Voir Chapitre 40* 📖 *Chantal Mauduit au Dhaulagiri.*

glacés : « l'Everest en toute sécurité ». Le journaliste du magazine américain *Outside*, Jon Krakauer, arrive au Népal pour enquêter sur ces nouvelles offres touristiques extrêmes. Il prend place dans l'une d'elle, organisée par une agence néo-zélandaise, pionnière en la matière : *Adventure Consultants*.

Dans le reste du groupe, on trouve dix alpinistes amateurs qui ont dépensé plus de 50.000 € chacun pour grimper aux côtés de Rob Hall, un guide émérite déjà parvenu quatre fois au sommet de l'Everest. La liste des participants n'est pas très surprenante sur une expédition de ce type, ils sont tous moyennement expérimentés et assez fortunés. Beck Weathers, 49 ans, est médecin à Dallas. Lou Kasischke, 53 ans est avocat dans le Michigan. Yazuko Namba, 47 ans, est une femme d'affaires japonaise. Doug Hansen dénote un peu : c'est un facteur de l'Etat de Washington qui s'est endetté pour réaliser cette expédition : sa deuxième tentative ! L'année précédente, il avait fait demi-tour à deux pas du sommet ! Certains d'entre eux ont donc déjà des expériences à plus de 8.000 mètres, mais pas tous...

Le 31 mars 1996, l'équipe vient d'arriver à Katmandou. Quelques jours plus tard, après une semaine de trek, ils arrivent au Camp de Base de l'Everest, à 5.300 mètres d'altitude. Les tentes sont entassées, des déchets jonchent le sol, il y a beaucoup de monde. Les premiers symptômes du mal des montagnes frappent alors les clients de Rob Hall. Nausées, maux de têtes, vertiges. Mais en plusieurs semaines, ils s'acclimatent peu à peu. Pour ce faire, ils grimpent régulièrement vers des camps d'altitude et se reposent autant que possible.

Les journées se déroulent ainsi jusqu'au début du mois de mai, où le grand moment est enfin arrivé. L'expédition va profiter d'une fenêtre météo pour monter jusqu'au sommet.

Dans la nuit du 9 au 10 mai, Rob Hall et ses clients quittent le camp IV, à environ 8.000 mètres. Ils sont rejoints par deux autres expéditions : une américaine (de l'agence *Mountain Madness*) et une taïwanaise qui venait le jour même de perdre un de ses grimpeurs. Il avait chuté au mauvais endroit, au mauvais moment.

L'installation des cordes fixes n'est pas réalisée jusqu'au sommet et lorsque le groupe arrive à 8.350 mètres, il doit s'arrêter. Et patienter près d'une heure à une altitude où chaque minute qui passe réduit un peu plus les chances de survie et à plus forte raison les possibilités d'arriver au sommet. Trois cent mètres plus haut, à l'arrivée au Ressaut Hillary (du nom du premier homme à l'avoir franchi[128]), même problème. Il faut patienter près d'une heure supplémentaire, le temps que les guides équipent la paroi pour permettre aux clients de passer. Plusieurs membres de l'équipe font alors demi-tour, abandonnant leur rêve de sommet. L'heure limite pour faire machine arrière dans des conditions de sécurité acceptable étant largement dépassée. Le sommet est atteint vers 13h par un des membres de l'expédition Mountain Madness[129]. Il aide ensuite plusieurs grimpeurs à atteindre le sommet, comme Yakuso Namba ou le journaliste John Krakauer. Les sherpas commencent leur descente à 15h et croisent Doug Hansen qui monte très péniblement. Il n'a plus d'oxygène dans ses bouteilles mais il est vite rejoint par Rob Hall qui l'aide à arriver en haut. Le leader du groupe Mountain Madness, Scott Fisher, ainsi que Doug Hansen et Rob Hall parviennent au sommet bien après 16 heures. Hélas, le jour commence à décliner et une tempête de neige se prépare. Exténués, malade pour Fisher, ils n'arrivent pas à redescendre et sont coincés dans le blizzard.

Dans la montée, l'américain Beck Weathers souffre des yeux. Opéré récemment de la myopie, les effets de la haute altitude et des ultra-violets sont rapides. Après quelques heures de montée, Weathers est aveugle. Plutôt que de redescendre, il patiente plusieurs heures, immobile, à plus de 8.000 mètres. Rob Hall qui devait l'aider à descendre en revenant du sommet n'en reviendra pas, Scott Fisher et Doug Hansen non plus. C'est donc un autre guide qui aide le Texan à descendre trop tardivement. Pris dans la tempête, ils ne parviennent pas à rejoindre le camp IV. Ils se sont littéralement perdus. Epuisée, la Japonaise Yakuzo Namba va mourir quelque part dans ce blizzard. Après une nuit entière allongé dans la neige, Weathers arrive à se relever. Il parvient par ses

---

[128] *Voir Chapitre 19* 📖 *Edmund Hillary à l'Everest.*
[129] Anatoli Boukreev.

propres moyens au dernier camp. En le voyant arriver, les grimpeurs qui stationnent à ce bivouac n'en croient pas leurs yeux. Ils pensent tous qu'il ne passera pas la nuit. Et pourtant, il est toujours en vie au petit matin. Il est alors aidé à descendre jusqu'à l'altitude où un hélicoptère pourra finalement l'extraire de cette terrible montagne.

Il retrouvera son Texas quelques jours plus tard, avec un demi-bras droit en moins, une main gauche sans doigts, plusieurs orteils et un nez amputés. Son front et ses oreilles en piteux état pourront être partiellement réparés par la chirurgie.

Ce mois de mai 1996 restera comme l'une des périodes les plus meurtrières de l'histoire de l'Everest. Sur ces trois jours de tentatives au sommet, huit grimpeurs ne reviendront pas vivant de la montagne. Parmi eux, des clients mais aussi des guides très expérimentés qui n'auront pas survécu à leur business.

Cette catastrophe n'aura pas ralenti le développement des expéditions commerciales. Elles sont toujours plus nombreuses à proposer leurs services. Depuis quelques années, des agences népalaises viennent compléter l'offre, sur un segment d'entrée de gamme. Depuis que ces entreprises ont fait leur apparition sur le marché, près de deux tiers des décès sur l'Everest se produisent sur ces expéditions low-cost.

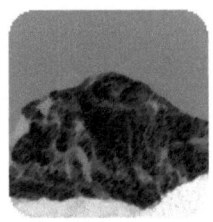

40. Chantal Mauduit au Dhaulagiri
la faute à pas de chance - 1998

Le trône d'une petite Française, devenue Reine des sommets himalayens, va vaciller sous le souffle discret d'une avalanche. Discret comme cette petite Française, Chantal Mauduit.
⊙ Massif du Dhaulagiri, Himalaya, Népal.

1997. Alors que l'automne est bien avancé, Chantal Mauduit est de retour sur le sol français. Elle rentre bredouille d'une tentative d'ascension du Dhaulagiri[130], le septième sommet le plus haut du monde. La météo ne l'a pas aidée, de trop grandes quantités de neiges instables l'ont faite renoncer. Sa tente, qui lui avait rendu de fiers et loyaux services au Manaslu et à l'Annapurna, s'est effondrée sous le poids de la poudreuse. Elle a dû battre en retraite avant de geler sur place. Mais ce n'est que partie remise.

Si tôt rentrée, elle réfléchit à son prochain essai. Et cela ne traine pas. Fin mars 1998, Mauduit s'envole à nouveau pour le Népal.

Elle y retrouve son compagnon d'ascension sherpa : Ang Tsering. Rallier le camp de base, situé à 4.700 mètres d'altitude, ne présente pas de difficulté ; il faut juste un peu de temps. La mini-expédition composée d'un cuisinier, trois-quatre porteurs, Tsering et Mauduit arrive à destination le 8 avril. Ils ne sont pas seuls sur l'itinéraire, d'autres alpinistes rêvent d'inscrire le Dhaulagiri à leur palmarès.

---

[130] Dhaulagiri, 8.167 mètres, Népal.

Découverte au début du XIXème siècle, cette montagne fut considérée pendant de longues décennies comme la plus haute du monde. Il fallut attendre 1950 pour que les premiers alpinistes, des Français, s'en approchent. Auparavant, la région était de toute façon interdite aux Occidentaux. En 1960, une expédition suisse[131] parvint enfin au sommet. Il fallut ensuite attendre dix ans avant que d'autres grimpeurs réitèrent cet exploit.

Entre ces deux réussites, les pentes du Dhaulagiri accueillirent une expédition américaine, emmenée par Boyd Everett. A peine arrivés au camp de base, ils durent évacuer en urgence un des membres du groupe, atteint d'un œdème pulmonaire de haute altitude. S'il frôla la mort, ce grimpeur ne s'en sortit finalement pas trop mal, en quittant prématurément l'expédition. Le reste de l'équipe continua la préparation de l'ascension est fut balayée par une avalanche de glace quelques centaines de mètres au-dessus du camp de base. Ensevelis sous six mètres de glace et de débris, éparpillés sur la superficie d'un terrain de football, sept alpinistes perdirent la vie.

Ce ne sont pas ces drames que Chantal Mauduit a en tête lorsqu'elle patiente dans sa tente, à plus de 7.000 mètres en cette fin du mois d'avril. Elle attend que la tempête cesse et rêve à son amant, le poète André Velter.

Un petit groupe de Grecs veut s'aventurer jusqu'au sommet, Chantal Mauduit essaie de les dissuader. Mieux vaudrait-il attendre une accalmie. Les rafales de vent sont violentes et l'un des Grecs fait une chute mortelle. Prudente, elle redescend quelques jours avant de remonter vers le sommet. Avec Ang Tsering, ils plantent leur tente vers 6.300 mètres. Dans la nuit du 10 au 11 mai, une coulée de neige traverse le camp II. Mauduit et Tsering sont asphyxiés dans leur sommeil. Elle a alors 34 ans.

Chantal Mauduit, grimpeuse bohème, n'était pourtant pas une tête brûlée. L'emplacement du campement était d'ailleurs relativement sûr, la tente voisine est restée intacte.

---

[131] Emmené par Max Eiselin, le groupe helvète compte aussi parmi ses membres un Autrichien, Kurt Diemberger, l'un des rares survivants de la saison 1986 au K2. *Voir Chapitre 35 📖 Maurice et Liliane Barrard au K2*

Elle découvre la haute-montagne durant son adolescence, au lendemain de la disparition de sa mère, emportée par la maladie. Entre ses 27 et ses 33 ans, elle réussit l'ascension de six sommets de plus de 8.000 mètres, entre le Népal et le Pakistan. Parmi lesquels le Lhotse, 8.516 mètres. Elle est la première femme de l'histoire à en fouler le sommet. C'est en mai 1996. A quelques kilomètres de là, au même moment, un drame se noue sur l'Everest[132]. Engagée pour la cause tibétaine, Chantal Mauduit emmène le portrait du Dalaï Lama sur certains sommets. Elle va même jusqu'à grimper sur les toits de Notre-Dame de Paris pour y accrocher le drapeau tibétain. Elle passe une bonne partie de son temps au Népal, son pays d'adoption dont elle a appris la langue. En parallèle de ses succès, l'alpiniste française échoue sur certaines montagnes qui ne veulent visiblement pas d'elle ! Sept tentatives ne sont pas suffisantes pour parvenir au sommet de l'Everest.

En 2007, André Velter publie *L'amour extrême et autres poèmes pour Chantal Mauduit*[133], un recueil de plusieurs textes écrits pour son himalayiste bienaimée : « Là-haut, tu es. Là-haut quoi qu'il advienne, femme-soleil d'un miracle à jamais que rien ne sépare de la pure lumière ni du souffle ascendant de notre amour promis à une autre altitude. Tu es là, hors d'atteinte, hors du monde où meurent les âmes et les corps. Tu danses sur l'horizon que je porte en moi pour abolir l'espace et le temps. Tu vis à l'infini » écrit-il.

---

[132] *Voir Chapitre 39* 📖 *Beck Weathers à l'Everest.*
[133] Editions Gallimard.

41. Alex Lowe aux Tours de Trango
le premier Big Wall connecté - 1999

Grand grimpeur américain, Alex Lowe emmène une expédition sur l'un des sommets les plus esthétiques du Karakoram : les Tours de Trango. Il s'apprête à ouvrir une voie en direct sur internet.
⊙ Massif du Karakoram, Pakistan.

De retour d'une ascension ardue en Terre de Baffin, Mark Synnott, Jared Ogden et Alex Lowe parlent projets futurs à la fin de l'été 1998. Quand Mark sort de sa tente une photo des Tours de Trango, les appétits des uns et des autres sont aiguisés. Ils ont tous des expériences intéressantes au Karakoram mais pas celle d'ouvrir une nouvelle voie sur ces magnifiques tours de granit. Dès lors, la cordée est constituée.

A la fin du printemps, les trois Américains convoient quelques tonnes de matériel avec l'aide de 150 porteurs baltis à travers les vallées du Karakoram. Le chargement contient notamment du matériel informatique, le tout accompagné par un technicien en communications satellites. Car les deux sponsors de l'expédition en veulent pour leur argent. L'aventure va faire vivre un site internet continuellement mis à jour et permettre aux curieux de suivre de l'intérieur ce qui va se passer pendant près d'un mois sur cette paroi. Si documenter une expédition en temps réel est aujourd'hui assez fréquent, c'est une nouveauté en 1999.

Les premiers mille mètres sont une énigme. Comment les franchir alors que le granit semble si lisse ? La suite, au moins aussi haute, est encore pire, largement surplombante. En quelques jours, c'est près d'un kilomètre de corde fixe qui est installé sur la première grande dalle, à grand renfort de perceuse électrique. De quoi permettre d'arriver au pied de la partie la plus délicate.

Entre temps, il faut y installer une sorte de camp suspendu et l'alimenter en y montant de lourds sacs de vivres et de matériel. La configuration de la pente empêchant de hisser des charges, c'est sur leurs dos que les Américains les transportent. Dans la partie supérieure du mur, la progression peine. Et alors que le groupe tente de forcer un passage, le temps se couvre et les premiers flocons se dessinent. La météo va par la suite être médiocre, rendant la montée encore plus improbable. Au bout de plusieurs jours sans bouger, ils pensent à abandonner, à redescendre pour de bon et à plier les lignes.

En plus du travail de grimpeur, le trio se transforme plusieurs heures par jours en Community Manager. Photos et compte-rendu pour le site internet, prises de vue pour un film en devenir et même interviews par téléphone données directement depuis la paroi. Le mauvais temps dure près de 10 jours avant que la muraille ne soit à nouveau vraiment praticable. Les trois Américains se relaient pour avancer alors qu'une seconde expédition arrive sur la même face. C'est un groupe de Russes, emmenés par Alexandr Odintsov. Ils comptent réaliser la même ascension. Cet été là, Américains et Russes allaient grimper à quelques centaines de mètres les uns des autres et faire face aux mêmes difficultés.

Dès lors, en quelques jours seulement, Mark, Jared et Alex terminent le travail et atteignent (presque) la cime. Non sans amocher au passage le coude d'Alex dans une bonne petite glissade contre le rocher. Ils sont désormais à 6 ou 8 mètres du véritable sommet mais la nuit est tombée et aucun des grimpeurs n'a envie de faire une ultime acrobatie pour ces derniers mètres symboliques. Ils vont alors s'engager directement dans une descente qui va durer trois jours. Trois jours d'une retraite harassante dans une tempête qui ne semble pas vouloir offrir un instant de répit aux Américains. Quelques jours plus tard, les Russes allaient, à leur tour, arriver au sommet.

Un projet en appelant un autre, Alex Lowe se retrouvera en septembre de la même année au Tibet pour une descente à ski du Shishapangma, un sommet de plus de 8.000 mètres. Avec les alpinistes Conrad Anker et David Bridges, Lowe montera vers le sommet quand un énorme sérac se détachera du glacier près de 1.800 mètres au-dessus du groupe. L'avalanche emportera les trois hommes. Seul Anker en sortira vivant, tentant malgré des cotes cassées de chercher ses camarades pendant de longues heures. En 2016, le Suisse Ueli Steck[134] découvrira les corps des deux hommes, restitués par le glacier.

Jared Ogden et Mark Synott continueront leurs aventures sur les falaises du monde entier. Deux ans plus tard, Mark s'attaquera notamment à la Moose's Tooth[135], Alaska. Le leader de l'expédition russe, Alexandr Odintsov, recevra un Piolet d'Or[136] en 2004 pour son ascension de la face nord du Jannu, 7.710 mètres dont 3.000 de paroi quasi-verticale.

---

[134] *Voir Chapitre 48* 📖 *Ueli Steck à l'Annapurna.*
[135] *Voir Chapitre 33* 📖 *Jim Bridwell à la Dent de l'Elan.*
[136] Les Piolets d'Or sont en quelques sortes les Oscars de l'Alpinisme.

42. Simone Moro au Shishapangma
la vraie première hivernale - 2005

> Quand grimper des sommets ne suffit plus, on essaie de les gravir l'hiver venu. C'est en cela qu'excelle l'Italien Simone Moro, seul chantre de l'himalayisme hivernal à ne pas être polonais.
> ⊙ Massif du Shishapangma, Himalaya, Tibet (Chine).

Le Sud-Tyrolien Simone Moro a une drôle d'histoire avec le Shishapangma. Avec ses 8.027 mètres, c'est le plus petits des 8.000. C'est aussi le seul à être situé uniquement en Chine. Il est réputé pour être parmi les plus faciles techniquement ; pour autant, il reste un sommet engagé et le gravir n'est à la portée que d'un petit nombre d'alpinistes aguerris. C'est en 1994 que Moro est venu pour la première fois se confronter à ce sommet chinois. A 6.300m il fait alors demi-tour, se faufilant par miracle entre les avalanches. Deux ans plus tard, il finit ce qu'il avait commencé : il parvient au sommet. Dix ans après sa première tentative, il élève le niveau d'un cran. Il tente sa chance en hiver. Le Shishapangma n'a jamais été gravi en hiver, et il connaît si bien cette montagne qu'il ne peut pas résister. Le sommet, lui, résiste. A trois cents mètres de la cime, il est contraint par les conditions à faire demi-tour. La prochaine sera la bonne se dit-il.

Automne 2004, dans des conditions très froides, le français Jean-Christophe Lafaille parvient seul au sommet du Shishapangma. Polémique du moment, certains considèrent cet exploit solitaire comme la première hivernale. Simone Moro n'est pas de cet avis. Alors, la nouvelle de l'ascension du Français ne le fait pas changer d'avis, il ira au sommet dans les semaines qui viennent, au cœur de l'hiver.

Début décembre, des grèves et des blocages sur fond de forte répression ralentissent le voyage d'approche de Moro. Il est accompagné par Piotr Morawski et plusieurs himalayistes polonais. Ces derniers sont les spécialistes des hivernales sur les plus hauts sommets. Sur les sept sommets de plus 8.000 mètres gravis en hiver à fin 2004, tous l'ont été par des Polonais. Le 21 décembre, le groupe rejoint le Tibet. Près d'une trentaine de yaks accompagnent la caravane qui s'ébranle le lendemain à destination du camp de base. Situé à un peu plus de 5.200 mètres, il est atteint en deux jours.

Entre Noël et jour de l'an, l'équipe de grimpeurs prend ses marques sur la voie des Yougoslaves, un itinéraire de la face Sud du Shisha. Quand les premières lueurs de 2005 apparaissent, les hommes sont bloqués par le mauvais temps au camp de base. En quelques jours, ils sont arrivés à repérer la voie jusqu'à 6.500 mètres. C'est très prometteur. A la fin de la première semaine de janvier, un nouveau camp d'altitude est installé et la voie est ouverte jusqu'à 7.200 mètres. Les passages les plus délicats méritent l'installation de cordes fixes pour tenter de les sécuriser un minimum.

Sur le sommet, les vents hivernaux soufflent à près de 180 km/h. Impossible dans ces conditions de quitter les camps. Le routeur météo, basé en Autriche, est confiant s'agissant d'une légère amélioration vers mi-janvier. Il n'en faut pas plus à Simone Moro et Piotr Morawski pour enfiler leurs crampons et quitter le camp de base. Le 11 janvier, ils dorment au camp de base avancé, à 5.600 mètres. Le lendemain, ils sont au camp I, à 6.500 mètres. Le soleil est de retour mais le vent est toujours là. La tente manque d'être balayée par des rafales. Sans trop dormir, le duo s'accroche et le vent se calme enfin. Le lendemain, ils emportent une tente, des vivres et leurs sacs de couchage. Direction un camp II qui n'existe pas encore. Ils grimpent dans un mélange de neige et de rochers friables. Ils posent même une centaine de mètres de corde fixe pour sécuriser leur montée, et leur future descente.

Ils atteignent ainsi les 7.400 mètres. Bien que moins violent, le vent est toujours là quand ils déplient leur tente et installent officiellement le Camp II ! Depuis leur poste d'observation, ils remarquent qu'une partie de l'arête qui mène au sommet est abritée du vent. Une partie seulement.

Le 14 janvier, ils quittent leur camp vers 8h du matin, quand le soleil réchauffe enfin leur tente. Malgré un vent qui souffle encore à 80 km/h, ils avancent sur l'arête. Cinq heures leur suffisent pour atteindre le sommet. La première hivernale du Shishapangma vient d'être réalisée.

Dans les jours qui suivent, la fenêtre météo se referme. Les autres membres de l'expédition n'iront pas au sommet. De retour au camp de base, les conditions sont exécrables. La neige tombe abondamment, le vent est à nouveau à son maximum. Les températures frôlent les -40°C. Chiring, aide cuisinier, ne redescend pas du camp de base avancé. Il y est monté pour récupérer le reste du matériel. La nuit tombée, les himalayistes se lancent alors à sa recherche, redoutant le pire. Impossible de le trouver. Fort heureusement, le garçon s'était bâti un petit bivouac, se voyant bloqué par la neige. Il est finalement redescendu seul jusqu'au camp de base le lendemain. Soulagement. Le 20 janvier, l'expédition quitte enfin le camp en direction de Nyalam, le premier village dans la vallée.

La descente jusqu'à la civilisation est l'une des parties les plus périlleuse de l'aventure. La tempête est telle que les grimpeurs commencent à perdre la sensibilité de leurs doigts. Ils sont plusieurs à tomber dans l'eau froide du torrent, en passant à travers une trop fine couche de glace. Quand ils arrivent enfin à la frontière, ils sont dans un sale état.

Cette expédition marque le début des aventures hivernales en très haute altitude pour Simone Moro. Quatre ans plus tard, il sera au sommet du Makalu pour sa première hivernale. En 2011, ce sera au tour du Gasherbrum II, même si une terrible avalanche manquera d'emporter toute l'équipe[137]. Enfin en 2016, il deviendra l'himalayiste hivernal le plus titré de l'histoire en réalisant la première du Nanga Parbat.

Piotr Morawski délaissera les expéditions hivernales mais pas l'Himalaya. En 2009, il chutera dans une crevasse sur les pentes du Dhaulagiri et ne s'en relèvera pas.

---

[137] *Voir Chapitre 46* 📖 *Denis Urubko au Gasherbrum II.*

43. Jean-Christophe Lafaille au Makalu
on ne saura jamais - 2006

> **Certaines histoires n'ont pas de conclusion, tout juste un point final.**
> **L'aventure de Jean-Christophe Lafaille au Makalu est de celles-là.**
> ⊙ Massif du Mahalangur Himal, Himalaya, Népal/Tibet(Chine).

Début décembre 2005, le français Jean-Christophe Lafaille arrive au camp de base du Makalu, au Népal. Après onze sommets de plus de 8.000 mètres à son actif, le grimpeur compte bien en ajouter un douzième. Depuis 2001, il s'est décidé. Il vaincra les quatorze ! Et il ne sombre pas dans la facilité, il choisit toujours un itinéraire inédit, une voie difficile... Désormais, il agit même en solitaire. L'année précédente, il est allé jusqu'à changer de saison pour se compliquer la tâche. Désormais, il réalise ses exploits en hiver, la saison la plus dure. Personne ne grimpe des 8.000 en solitaire au cœur de l'hiver. Personne, sauf Jean-Christophe Lafaille. En décembre 2004, il réussit[138] ainsi l'ascension du Shishapangma. C'est peu dire qu'il est le plus grand himalayiste français. Malheureusement, le « plus grand himalayiste français » est un titre fragile. Chamoux, Escoffier, Mauduit. Ils ont tous reçu ce qualificatif. La montagne les a tous emportés, un à un.

Le Makalu est un lointain souvenir pour la France. Cinquante ans auparavant, Lionel Terray[139] et Jean Couzy ont été les premiers à

---

[138] Les esprits pointilleux auront raison de souligner qu'en réussissant cette ascension le 11 décembre, Lafaille n'a pas réalisé une ascension hivernale. L'hiver ne débutant que dix jours plus tard. En revanche, les conditions étaient bien hivernales. La première « véritable » hivernale du Shishapangma est à mettre à l'actif de Simone Moro (*Voir Chapitre 42* 📖 *Simone Moro au Shishapangma*).
[139] *Voir Chapitre 18* 📖 *Lionel Terray au Fitz Roy.*

atteindre son sommet. C'était mi-avril, dans des conditions autrement plus favorables.

Au camp de base, Lafaille s'installe avec un cuisinier et deux sherpas. Il n'y reste pas beaucoup, d'ailleurs l'ambiance n'y est pas très bonne. Le Français n'échange guère avec l'équipe du camp. Dès qu'il le peut il grimpe pour découvrir la voie. La météo ne lui en donne pas beaucoup d'occasions, alors à la moindre fenêtre, il monte pour acclimater son corps à la très haute altitude. La nuit de Noël, par exemple, il est à presque 7.000 mètres, abrité dans sa tente. Ces nuits en très haute altitude sont indispensables à sa préparation. Sans elles, son organisme ne résisterait pas au-dessus de 8.000 mètres.

Dès qu'il le peut, il échange avec sa femme et manager, Katia, restée en France. Ou avec son fils Tom, 4 ans. Il parle aussi avec son routeur météo, basé à Chamonix, qui lui donne des informations précieuses. Enfin, il communique avec les médias. Car si certains alpinistes choisissent la discrétion, les Lafaille préfèrent la médiatisation. Contrats avec TF1, avec Paris Match, l'himalayisme des années 2000 n'a jamais été aussi largement couvert. Il transporte même avec lui un module lui permettant de transmettre des images en France, fourni par la première chaîne.

Mais la météo hivernale n'est pas simple. Des semaines durant, les jet-streams balayent les sommets à des vitesses dépassant les 150 km/h. Avec un tel vent, inutile d'essayer quoi que ce soit. Il faut donc patienter. Attendre. Espérer. Mi-janvier, son routeur météo constate une diminution du vent en mer des Caraïbes. Il est formel, cette variation lointaine peut se répercuter quelques jours plus tard sur l'Himalaya. Son attente paie enfin. Et c'est ainsi que le lundi 23 janvier, il reçoit le feu vert de Chamonix : la fenêtre météo tant attendue est arrivée. Il est bien acclimaté, il est prêt à partir pour la tentative à proprement parler. Dans quelques jours, il sera de retour, auréolé de son douzième 8.000 et de la première hivernale du Makalu !

Le vent souffle toujours, mais il faiblit peu à peu. Lafaille démarre et progresse vite. Il est à 6.000 mètres le mardi soir. Le mercredi, il est de retour dans sa tente un peu en-dessous de 7.000 mètres. Celle-là même où il avait passé la nuit de Noël. Le jeudi, il est à 7.600 mètres. Avec ses 8.485 mètres d'altitude, le sommet tant convoité n'est plus qu'à 900 mètres de là.

Vendredi 27 au matin, Jean-Christophe Lafaille se lance dans la dernière phase de l'ascension. Il se trompe en réglant son réveil mais ne part qu'avec une heure de retard sur son plan. Ce n'est pas si grave, d'autant qu'il voulait marcher de jour, histoire de ne pas mettre le pied dans une crevasse. Avec le soleil, les températures se réchauffent un peu mais restent tout de même proches de -30°C.

L'histoire se termine ainsi. Lafaille n'est jamais redescendu. Il n'a jamais rappelé. Il n'a jamais été retrouvé. Et personne ne saura jamais ce qui s'est réellement produit. A cette altitude, tout est possible : une chute de sérac, une crevasse, un faux pas... Après plus de six semaines passées sur la montagne, Lafaille était bien acclimaté mais forcément fatigué. A 5.300 mètres, au camp de base, le corps ne se repose pas vraiment. Alors les erreurs viennent plus facilement et dans ces conditions, elles sont fatales.

Quelques jours plus tard, un hélicoptère survolera la montagne, apercevant son dernier camp. Mais aucune trace. Jean-Christophe Lafaille avait fait preuve d'une résistance extrême à l'Annapurna en 1992[140]. Il avait réussi à descendre seul, un bras cassé, sur l'une des faces les plus vertigineuses du Népal. Mais quatorze ans plus tard, le « meilleur himalayiste français » n'aura pas pu terminer son challenge des quatorze sommets. L'Everest, le Kangchenjunga et peut-être le Makalu manqueront à jamais à son palmarès.

---

[140] *Voir Chapitre 36* 📖 *Pierre Béghin à l'Annapurna.*

44. Lincoln Hall à l'Everest
un deuxième miracle - 2006

Ce n'est pas certain que cette histoire vous donne envie de partir à la conquête de l'Everest. Cette saison là, Alex, le chef de l'expédition de Lincoln Hall, a bien failli quitter son job.
⊙ Massif de l'Everest, Himalaya, Népal/Tibet(Chine).

En 1984, Lincoln Hall est membre de la première expédition australienne à l'Everest, sans oxygène. Plusieurs alpinistes du groupe parviennent au sommet. Pas Hall. Il repart, déçu, bien décidé à prendre sa revanche un jour. Ce natif de Canberra continue sa carrière de grimpeur en ouvrant notamment une première voie sur le Mont Minto, point culminant de la Chaîne de l'Amirauté, en Antarctique. C'était en 1988.

En 2004, Hall reçoit un coup de fil d'un ancien comparse, vidéaste de l'expédition de 1984. Il se prépare à repartir pour l'Everest, réaliser un reportage sur un adolescent qui veut être le plus jeune grimpeur au sommet. Et il a besoin d'un homme de confiance, capable de faire de belles images. Hall prend cet appel téléphonique comme une invitation. Sa femme Barbara n'a pas le cœur à le retenir. Depuis 1984, elle sait les regrets de Lincoln de n'avoir pas réussi.

A 50 ans, Hall est en pleine forme, il s'envole donc pour le Népal, histoire de prendre sa revanche sur le premier sommet du monde. L'expédition bat son plein et très vite, le jeune grimpeur – 15 ans – ne se sent pas la force d'atteindre le sommet. Fort prudemment, il renonce à son rêve de record. Mais Lincoln Hall n'en a pas fini, il sent qu'il peut atteindre ce sommet tant convoité. L'ambiance au camp de base n'est pourtant pas à la fête. Le 15 mai, un Britannique est mort à plus de 8.000 mètres. David Sharp. Exténué, il n'arrivait plus à avancer. Plusieurs dizaines de grimpeurs sont passés sous ses yeux, sans lui venir en aide, alors qu'il n'avait pas encore succombé. Seul un sherpa a tenté de lui donner un peu de son oxygène, sans beaucoup d'effet. Que les expéditions encore en cours se le disent, les défaillances au-delà d'une certaine altitude ne sont pas permises. Personne ne viendra à votre secours ! En cette saison 2006, les conditions sont pourtant optimales voire exceptionnelles, la météo est très bonne. Et elle se maintient au beau fixe depuis plusieurs jours sur ce versant tibétain.

Dans la nuit du 24 au 25 mai, Lincoln Hall se lance dans la plus longue journée de son expédition. Dix-huit heures sont nécessaires pour aller au sommet et revenir. Après quelques heures de montée dans la nuit noire, il croise le corps de David Sharp. Les trois ressauts rocheux qui barrent l'accès au sommet ne posent pas trop de problèmes à l'Australien. A 9 heures du matin, Lincoln Hall parvient au sommet avec une déroutante facilité. Il y reste une vingtaine de minutes. Au camp de base, le russe Alexander Abramov en charge de l'expédition, ne se réjouit pas vraiment. Un autre grimpeur de l'expédition, Igor, est mort avant d'atteindre le sommet, quelques heures plus tôt. Et au moment même où Hall crie victoire, un dernier membre de leur équipe, Thomas Weber, tombe la tête la première dans la neige alors qu'il abandonnait sa tentative. Ce n'est rien de moins que le onzième mort de la saison. Debout dans sa tente au camp de base, Abramov n'est pas au bout de ses surprises.

Quelques heures plus tard, les sherpas l'informent que Hall ne veut plus avancer. Il a des hallucinations, il fait demi-tour et veut retourner au sommet. Les sherpas l'en empêchent alors il reste campé à 8.600 mètres d'altitude. Abramov envoie le sherpa de Thomas à la rescousse. Mais un rappel au niveau du deuxième ressaut tourne court. Lincoln perd l'équilibre et atterrit sur l'un des porteurs, en plantant ses crampons dans sa jambe. Blessé, le guide ne laisse pas tomber. Avec ses trois collègues, il continue d'escorter Lincoln dans la descente. Chaque pas est un combat titanesque. A 17h, le groupe n'est pas allé bien loin et ce sont désormais les 5 alpinistes qui sont en danger de mort.

Quelques minutes plus tard, Hall sombre dans une profonde léthargie. A 17h20, les sherpas le déclarent mort. Le bilan de l'expédition commence à être lourd, mieux vaut ne pas ajouter des sherpas sur la liste. Les symptômes de Hall sont clairs, il vient de faire un œdème cérébral de haute altitude. Même s'il n'est que dans le coma, il va mourir dans 2 peut-être 3 heures. S'il ne veut plus avancer, on ne peut pas l'aider. Abramov donne finalement ordre aux sherpas de redescendre, quelques deux heures plus tard.

Assez vite, la nuit tombe sur l'Everest avec son cortège de températures glaciales. La mort dans l'âme, le camp de base appelle Barbara, la femme de Lincoln pour lui annoncer les conditions de sa mort.

Quelques heures plus tard, la fourmilière de l'Everest se réveille. Les expéditions reprennent leur lente marche vers le sommet, camp après camp. Ce matin là, une cordée emmenée par l'Américain Dan Mazur se lance dans la dernière phase de l'ascension. Ils sont à un peu moins de deux heures du sommet quand ils atteignent l'endroit où le corps de Hall a été abandonné. Ils trouvent ce dernier à demi-vêtu[141], sans bonnet, sans lunettes de soleil, sans gant… Mais bien vivant et plus ou moins lucide ! Cet homme a passé une nuit à plus de 8.500 mètres et il est toujours vivant et leur adresse la parole.

Ses doigts ont gelés mais il refuse de remettre des gants. Il va vraiment mal mais il est bel et bien en vie. Sans trop le brusquer, les coéquipiers de Mazur tentent de le réchauffer. Ils lui donnent du thé, lui remettent ses vêtements, lui prêtent des gants. A ce moment là, ils doivent lutter pour empêcher Hall de se jeter dans le vide. Il se croit sur un bateau et veut à tout prix plonger dans l'eau pour se rafraichir !

Le guide appelle le camp pour que l'on prévienne l'expédition de Hall. Abramov est interloqué. D'abord incrédule, il envoie aussitôt une équipe de sherpas pour relayer les hommes de Mazur. Pendant ce temps, ces derniers restent avec Hall, renonçant pour de bon à leur sommet.

Vers 11h30, les sherpas arrivent. Ils vont se lancer dans une descente épique et atteindre le col Nord (7.000m) en fin de journée. Le jour suivant, Hall est descendu jusqu'au camp de base avancé, à 6.500

---

[141] Réaction fréquente, les alpinistes en train de mourir de froid ont parfois la sensation inverse. Celle de puissantes bouffées de chaleur. Dans un état de semi-conscience, leur réaction est parfois de se déshabiller pour avoir « moins chaud ». De retour en Australie, Lincoln Hall a avancé une autre hypothèse, beaucoup moins cartésienne. Dans ses hallucinations, il avait l'impression de porter un grand manteau noir, « le manteau de la mort », l'enlever était sa seule chance de rester vivant.

mètres. Plusieurs équipes permettent ce sauvetage et à mesure que l'Australien descend, il commence à reprendre ses esprits. Un nouveau coup de fil à Barbara et c'est le soulagement. Lincoln a survécu. Au final, à part une dizaine de phalanges en moins, il revient entier de cette seconde expédition à l'Everest. Seconde et dernière, plus question d'y retourner, il a bien atteint ce satané sommet.

Il passera les dernières années de sa vie à écrire des livres et parler de ses expériences en haute montagne. L'hypothermie, l'œdème cérébral et une nuit dans la zone de la mort n'auront pas eu raison de lui. En 2012 pourtant, un cancer des poumons aura été plus fort.

45. Edurne Pasaban au Shishapangma
cette année ou la suivante ? - 2009

Grimper tous les sommets de plus de 8.000 mètres, c'est l'objectif d'Edurne Pasaban. Il lui reste deux sommets à vaincre avant de réussir son pari. Mais d'autres femmes sont dans la course.
⊙ Massif du Shishapangma, Himalaya, Tibet (Chine).

A l'automne 2009, la Basque Edurne Pasaban a d'ores et déjà réussi l'ascension de douze sommets de plus de 8.000 mètres sur les quatorze que compte la Terre. Certains ont exigé plusieurs tentatives mais huit années seulement ont été nécessaires à toutes ces réalisations. Il lui en reste deux pour atteindre son objectif d'être la première femme à avoir grimpé les quatorze. L'été précédent, la Sud-Coréenne Go Mi Sun mourrait dans la descente du Nanga Parbat, son onzième 8.000. Quelques semaines plus tôt, l'Italienne Nives Meroi déclarait qu'elle n'était plus dans la course, devant faire face aux problèmes de santé de son compagnon de cordée. Pour différentes raisons, la voie est donc peut-être libre... Mais une autre Sud-Coréenne et une Autrichienne sont en embuscade.

C'est sur les pentes du Shishapangma que revient Edurne Pasaban cette année-là. Par trois fois, elle a du renoncer. Elle avait tort de considérer cette montagne comme facile. A chaque fois, elle comptait la gravir après une autre. Alors en 2009, la saison automnale est dédiée exclusivement au Shishapangma. Il a beau être le plus bas des 8.000, ce sommet n'en reste pas moins une entreprise sérieuse.

Les yaks sont lourdement chargés et c'est le début de la marche d'approche qui doit prendre deux jours jusqu'au camp de base de la face Sud, situé à 5.400 mètres d'altitude. Aux côtés d'Edurne Pasaban, on

185

trouve notamment Alex Txikon ou Asier Izaguirre. Les Basques sont majoritaires dans cette équipe, ils comptent bien aider leur compatriote à aller au sommet. Le 11 octobre, de retour en altitude après une période de mauvais temps, l'équipe trouve son camp dévasté par le vent. Il ne reste plus rien. Les tentes, les cordes, la nourriture. Tout a été balayé par la tempête. L'heure est à l'abandon. L'ambiance ne s'améliore pas quand une cordée italienne présente au même moment sur la montagne annonce la chute mortelle d'un des leurs. Avant de quitter le Shishapangma, les Espagnols vont donc aider leurs amis à récupérer le corps sans vie de leur compagnon de cordée.

Rendez-vous est pris pour le printemps suivant. D'abord le Shishapangma et si tout se passe bien, il faudra enchaîner sur l'Annapurna. Mais ce n'est pas si simple, Pékin autorise finalement une entrée sur son territoire à partir d'avril. Il faudra donc commencer par le plus dur : l'Annapurna. Et si les grimpeurs conservent un peu d'énergie, il restera le Shishapangma. Ce changement de dernière minute n'est pas un détail. Il faut tout réorganiser. Car au lieu de grimper l'Annapurna dans des conditions printanières, avec d'autres expéditions qui auront en partie équipé la voie, il va falloir passer en premier, dans une ambiance encore très hivernale. L'installation du camp de base est déjà un défi : les porteurs ne peuvent l'atteindre en raison d'une trop grande quantité de neige. Qu'à cela ne tienne, c'est un hélicoptère qui va faire le travail et déplacer les quelques 2 tonnes de matériel.

Il faut plusieurs semaines à l'expédition pour équiper de cordes fixes tous les passages difficiles jusqu'à presque 6.000 mètres. Mi-avril, la météo est calme et plusieurs expéditions s'installent au camp de base. Pasaban et son équipe viennent de partir vers le Camp II. L'objectif est d'aller au sommet. Le 15 avril 2010, ils parviennent à 6.500 mètres, après un passage très exposé sous un sérac chancelant. Le camp III prend forme. Le lendemain, le camp IV est installé à 7.200 mètres. La nuit suivante, ils partent pour le sommet à un rythme honnête de 100 mètre de dénivelé à l'heure. Ils pensent ainsi arriver à destination à la mi-journée mais le couloir menant au sommet est plus délicat que prévu. C'est vers 14h qu'Edurne arrive enfin sur la cime de l'Annapurna. Son treizième « 8.000 ». Mais il ne faut pas traîner, la saison est bien avancée et il reste le Shishapangma...

En quelques jours, l'alpiniste basque et son équipe quittent le Népal pour le Tibet. C'est sa cinquième tentative alors elle a pour elle de déjà bien connaître la montagne. Autre avantage : après deux mois passés sur l'Annapurna, l'acclimatation du groupe est très bonne. Quinze jours d'attente au camp de base avancé et c'est le grand départ. Le groupe se dirige vers le sommet. Le Camp I est installé à 6.400 mètres, le second vers 7.000 et le dernier aux environs des 7.400 mètres.

Si l'épuisement est proche, les corps tiennent le coup. Le 17 mai, un mois jour pour jour après l'Annapurna, l'expédition arrive enfin au sommet du Shishapangma par un beau soleil.

En cette fin de printemps, Pasaban est – à 37 ans – la première femme à avoir gravi les 14 sommets de plus de 8.000 mètres.

Eté 2011, l'Autrichienne Gerlinde Kaltenbrunner[142] prendra l'avantage. Elle aura également les 14 sommets en poche mais sans aucun recours à de l'oxygène supplémentaire. Edurne Pasaban avait utilisé des bouteilles à deux reprises : sur son ascension de l'Everest et dans sa descente du Kangchenjunga. Depuis, l'Italienne Nives Meroi a rejoint ce podium féminin en gravissant son dernier « 8.000 » en 2017 : l'Annapurna, encore lui.

Quelques jours après le succès de Pasaban sur ce même Annapurna, c'est une Sud-Coréenne, Oh Eun-Sun, qui affirmait clôturer son défi des quatorze « 8.000 » avant que la Basque ne soit arrivée au bout du sien. Mais sa réussite restera très contestée : on lui reprochera de n'être pas allée jusqu'au sommet lors de son ascension du Kangchenjunga en 2009. En août 2010, la Fédération Alpine de Corée déclarera qu'Oh Eun-Sun n'était effectivement pas parvenu au sommet, tranchant définitivement et de façon assez radicale ce différend. Elle n'a jamais souhaité y retourner.

[142] Voir Chapitre 47 📖 Gerlinde Kaltenbrunner au K2.

46. Denis Urubko au Gasherbrum II
l'hivernale borderline - 2010

L'hiver du Nord-Pakistan est bien plus rude que celui du Népal. Déjà en 1980, les Polonais parvenaient au sommet de l'Everest en hiver. Mais au Karakoram, 30 ans durant, personne n'a réussi une hivernale.
⊙ Massif du Karakoram, Pakistan.

Depuis 1987, les alpinistes du monde entier tentent de gravir l'un des 8.000 du Pakistan en hiver. En vain. L'un des spécialistes de la discipline, l'Italien Simone Moro[143], monte une expédition en fin d'année 2010 sur l'un d'entre eux : le Gasherbrum II. Initialement, il souhaitait partir pour le Broadpeak voisin, mais une autre équipe est déjà sur les rangs. Il propose au Kazakh Denis Urubko de se joindre à lui. Un Américain, Cory Richards, prend la troisième et dernière place de la cordée.

Entre Noël et jour de l'an, le groupe arrive à l'aéroport d'Islamabad. Après un réveillon dans la capitale pakistanaise, les voilà à Skardu. Quelques premiers jours d'acclimatation les amènent sur les pentes raides du Kosar Kang, un sommet de plus de 6.000 mètres dont le camp de base se situe déjà à plus de 3.700m. A 600 mètres du sommet, Richards ne sent plus ses pieds. Inutile d'aller plus loin et de perdre des orteils avant d'avoir attaqué la difficulté principale. La cordée redescend. Urubko enrage de devoir écourter cette phase d'acclimatation et de renoncer à un sommet à cause d'un Américain. Moro se plait à préciser que les racines soviétiques d'Urubko ne font pas bon ménage avec celles de Richards. Plus de vingt ans après la fin de la guerre froide...

---

[143] *Voir Chapitre 42* 📖 *Simone Moro au Shishapangma.*

Un hélicoptère militaire les dépose à 5.000 mètres, au camp de base du Gasherbrum II. Le matériel suit le même chemin et les tentes sont dressées pour faire face aux températures qui frôlent les -30°C dès que le soleil se cache. Et de fait, le soleil est presque tout le temps dissimulé derrière d'épais nuages. Deux jours plus tard, c'est la première sortie au-dessus du camp de base. Les séracs forment alors un véritable labyrinthe auquel les trois alpinistes tentent de trouver une sortie. Le début de l'ascension est donc probablement le plus dangereux, il faut cheminer au milieu de gigantesques séracs qui n'attendent qu'une seule chose : l'occasion de s'écrouler. Quelques cordes fixes sont installées dans certains passages puis un premier camp d'altitude vers 5.700 mètres. Un peu plus haut, la progression s'avère plus facile, une avalanche semble avoir récemment purgé la pente de son surplus de neige.

La fin du mois de janvier approchant, le mauvais temps enveloppe la montagne. Un coup de fil au routeur météo va pourtant accélérer la suite de l'aventure. Le prévisionniste est formel. Une fenêtre d'une trentaine d'heures de beau temps se dessine. Et ce sera peut-être la seule de l'hiver. Après ces trente heures, la météo prévoit un retour au mauvais temps ; il faudra être rentré à temps au camp. Alors la décision est prise, le lendemain, la cordée partira vers le sommet pour profiter de cette opportunité qui approche. Même s'ils n'ont pas eu plus de trois jours pour se reposer depuis leur dernière sortie, ils doivent partir, en espérant qu'ils auront assez récupéré.

Le 30 janvier, la cordée se dirige vers les 6.000 mètres. Le thermomètre affiche -30°C. La visibilité n'est pas très bonne et Denis met le pied dans une crevasse. Il bascule dans l'abîme, un trou de plus de 40 mètres s'est ouvert sous ses pieds. Heureusement, la corde est là et ses compagnons l'aident à s'en sortir, sans une égratignure. Un faux pas de ce type, bien encordé, peut être anodin. Mais à plus de 6.000 mètres en plein hiver himalayen, tout aurait pu se compliquer.

La montée continue et le groupe approche des 7.000 mètres le 1er février. Les corps souffrent, la difficulté technique de l'ascension et la haute altitude ne sont qu'une partie de cette équation. L'inconnue résidait dans le niveau de froid. Le trio est servi, les températures sont glaciales, jamais plus chaudes que -20°C. Le jour du sommet, c'est à -40°C qu'ils ont droit. La dernière phase commence dans la nuit et si quelques rayons de soleil parviennent à percer les nuages, ils disparaissent vite pour laisser place au brouillard, de plus en plus épais. Le sommet est atteint en fin de matinée.

8.035 mètres. C'est la première hivernale sur un si haut sommet dans cette région du monde. Aucun autre sommet du Karakoram n'a été vaincu en hiver. Certains pensaient même que c'était impossible. Urubko, Moro et Richards les ont détrompés. Mais ils sont expérimentés, ils savent que la partie n'est pas gagnée. Il faut désormais redescendre, pas après pas, en portant la terrible fatigue accumulée dans la montée. La moindre erreur pourrait être fatale. Parce que les pas s'enchaînent plus rapidement à la descente, la concentration doit être décuplée. A une altitude où le cerveau est péniblement alimenté en oxygène, c'est un tour de force de ne pas mortellement trébucher.

Pour compliquer la descente, la tempête est déjà là. Cette fenêtre de beau temps devait durer 30 heures. En a-t-elle seulement duré la moitié ? De retour au précédent camp, près de 1.000 mètres plus bas, le vent est violent, la neige tombe en abondance et le thermomètre ne s'en relève pas : -46°C. Tout gèle instantanément. Au petit matin du 4 février, le temps est toujours atroce. Sous le Gasherbrum IV, pas loin de la zone qu'une coulée avait purgée peu avant la montée, le drame se produit.

Une nouvelle avalanche descend brutalement le couloir et fonce sur les 3 grimpeurs qui ont le temps de l'entendre puis de la voir arriver. Elle est trop large, et ils ne peuvent pas courir. Impossible d'y échapper. L'avalanche va les terrasser.

Mais ce jour-là, la chance est du côté des hommes, la montagne s'est montrée magnanime. Ensevelis sous une couche de neige, les alpinistes parviennent à se dégager et à refaire surface. Il ne leur reste plus alors que quelques heures pour gagner la sécurité du camp de base, bien conscients du miracle qu'ils viennent de vivre.

Pendant toute cette aventure, la cordée a pu compter sur la force et l'expérience d'Urubko. A cette époque, il a déjà à son actif la première hivernale du Makalu (8.481m) et une dizaine d'ascensions sur des 8.000 durant des saisons plus clémentes, mais à chaque fois avec une difficulté supplémentaire comme un itinéraire jamais emprunté. Plus jeune, il avait gravi tous les 7.000 de l'ex-URSS en un peu plus d'un mois. Cet enfant asthmatique qui passa ses premières années dans le Nord

Caucase ne semblait pourtant pas prédisposé à devenir un géant des montagnes. En 2018, il fera partie de la cordée qui portera secours à Elisabeth Revol au Nanga Parbat[144]. Il sera alors au Pakistan pour tenter de conquérir le dernier 8.000 jamais gravi en hiver : le K2.

Suite à cette expérience de grande proximité avec la mort, Richards entrera dans une longue période de dépression où l'alcool tiendra une place importante. Près de 5 ans lui seront nécessaires pour se sortir de ce piège. Cinq années ensevelies sous cette terrible avalanche du Gasherbrum II.

---

[144] *Voir Chapitre 50 📖 Elisabeth Revol au Nanga Parbat.*

47. Gerlinde Kaltenbrunner au K2
la septième tentative - 2011

L'histoire d'une infirmière autrichienne qui se décide à gravir les montagnes. Sa vie va basculer dans une toute nouvelle carrière, celle d'himalayiste professionnelle.
⊙ Massif du Karakoram, Pakistan/Chine.

Gerlinde Kaltenbrunner gravit son premier 8.000 à 23 ans, le Broadpeak. L'infirmière autrichienne économise le moindre schilling pour organiser des expéditions en Himalaya. Dix ans plus tard, elle devient alpiniste professionnelle et les sponsors lui permettent alors de vivre de sa passion. Après l'ascension de l'Everest au printemps 2010, il ne lui reste plus qu'un seul objectif : le K2. Si elle parvient à son sommet, elle deviendra la première femme au monde à avoir gravi les 14 « 8.000 » de la planète sans oxygène[145].

Mais le K2 est terrible. En 2007, 2009 et 2010, elle a tenté son sommet. En vain. Au total six tentatives dont une dernière qui lui a laissé un goût amer. Un alpiniste suédois qui grimpait à ses côtés, Frederik Ericsson, a chuté mortellement dans la dernière partie de la montée, sous ses yeux. Quand elle quitte le camp de base en 2010, elle ne sait pas si elle reviendra un jour. A ce moment-là elle n'en a pas envie. Loin de là. Tout ce qu'elle vit est bien trop dur.

---

[145] Edurne Pasaban et Eun-Sun Oh ont terminé leur quête des 14 sommets en 2010 mais elles ont utilisé de l'oxygène par deux fois. Du reste, la seconde n'a peut-être pas atteint certains sommets (*Voir Chapitre 45* 📖 *Edurne Pasaban au Shishapangma*).

Et pourtant, petit à petit, en quelques mois, le désir de vaincre cet ultime sommet revient. Quand elle arrive au Pakistan en 2011, Gerlinde espère bien que cette nouvelle tentative sera la bonne. Après **six tentatives par la face Sud**[146], elle se décide à changer d'itinéraire. Le pilier Nord retient son attention. La perspective d'une nouvelle voie convainc Ralf Dujmovits, son mari, de l'accompagner.

Le routeur météo est formel, la meilleure journée est le 21 août. Mais le temps des jours précédents n'est vraiment pas bon. Pour profiter de cette fenêtre, Gerlinde et Ralf démarrent dans le mauvais temps, ils sont accompagnés par quatre autres grimpeurs. A l'arrivée au premier camp, la neige a recouvert la tente, il faut pelleter pour la retrouver et en dégager l'entrée. Le lendemain, quelques heures de soleil purgent la pente. Plusieurs avalanches se déclenchent dans la voie. C'est une bonne chose, la cordée va pouvoir continuer sa montée dans une « relative » sécurité.

Alors que le lendemain doit être ensoleillé, la neige se met à voltiger dans les airs pendant près de cinq heures, sans discontinuer. Au petit matin, quand ils sortent de leur tente, le manteau blanc a repris le dessus. Après quelques heures à avancer, Ralf déclare forfait. Il est fatigué et ne sent pas la suite du parcours. Il préfère faire demi-tour. Gerlinde commence à douter mais elle continue, malgré la neige de plus en plus profonde. A mi-chemin entre le camp I et le camp II, elle est obligée de bivouaquer pour la nuit. Le lendemain elle arrive au camp II et peut enfin joindre Ralf par radio. Il leur confirme que la météo devrait s'améliorer d'ici quelques heures.

L'après-midi du jour suivant, elle parvient au camp III avec ses compagnons de cordée. Les vents violents se calment enfin. C'est une bonne nouvelle. D'autant qu'ils ont balayé de grandes quantité de neige et que la voie n'est plus trop difficile à tracer. Après le camp IV, la principale difficulté de l'ascension – le *couloir des Japonais* – se présente à la cordée. Avec ses jumelles, Ralf arrive à les guider et ils traversent le couloir sans prendre trop de risques.

---

[146] Par la voie des Basques ou Cesen, du nom du grimpeur yougoslave Tomo Cesen qui l'emprunta en premier, pour arriver au sommet. Ce même Tomo Cesen qui était sur le K2 à l'époque des Barrard (*Voir Chapitre 35* 📖 *Maurice et Liliane Barrard au K2*).

Ils ne retournent pas au camp précédent pour la nuit, ils préfèrent bivouaquer à environ 8.300 mètres, sur un petit balcon rocheux. Le sommet n'est plus très loin. A minuit, après s'être reposés quelques heures tant bien que mal, les grimpeurs se préparent à repartir. A 1h30 ils sont dans la voie mais il fait beaucoup trop froid. Les doigts, les orteils... tout gèle. Alors après quelques dizaines de mètres, ils reviennent à leur abri et attendent que l'air se réchauffe un peu. Au lever du soleil, ils repartent, se relayant en tête pour ne pas trop se fatiguer. Les coulées de neige sont nombreuses et manquent de les déstabiliser. Gerlinde parvient la première sur l'arête sommitale. Elle ne s'arrête pas, elle sait que le plus dur est derrière elle et que ce n'est plus qu'une question de volonté. Ce n'est plus très technique, il faut juste avancer. Mettre un pied devant l'autre.

A 18h18, l'Autrichienne arrive au sommet. Le temps est complètement dégagé. Sa joie est immense. Elle contemple le coucher du soleil et reste près d'une quarantaine de minutes sur la cime de la deuxième montagne la plus haute du monde. Gerlinde attaque la descente vers 19h, dans la nuit. Descendre à la seule lueur des lampes frontales est extrêmement risqué. Heureusement, le bivouac est atteint peu avant minuit. Après un peu d'eau chaude pour se redonner du courage, Gerlinde et l'un des autres membres de la cordée continuent leur parcours vers le bas. Elle ne veut pas rester plus longtemps au-dessus de 8.000 mètres. Ils arrivent au camp IV et descendent au lever du jour jusqu'au camp I. Elle a enfin réussi. La septième tentative, par une nouvelle voie, a été la bonne ! Kaltenbrunner est ainsi devenu la première et seule femme au monde à avoir gravi les 14 « 8.000 » sans oxygène supplémentaire.

Par la suite, Gerlinde Kaltenbrunner prendra un peu de recul et délaissera l'alpinisme de très haute altitude. Finis les 8.000 ! Elle réalisera toujours des expéditions mais sur des sommets beaucoup plus accessibles. Il faut dire que statistiquement, c'est une miraculée. Elle le sait bien. Les alpinistes qui se lancent dans cette conquête des sommets de « 8.000 mètres » ont plus de chances de mourir que de réussir. Alors sitôt le quatorzième sommet atteint, la raison a repris le dessus.

48. Ueli Steck à l'Annapurna
la machine à battre des records - 2013

Est-il seulement possible de vaincre la Face Sud de l'Annapurna en solitaire ? Et dans ces conditions, peut-on le faire en quelques heures à peine ? Ueli Steck propose une réponse très discutée.
⊙ Massif des Annapurna, Himalaya, Népal.

En 1970, une expédition britannique dirigée par Chris Bonington[147] ouvre la Face Sud du colosse népalais. Vingt ans après la toute première ascension de ce « 8000 » himalayen par la fameuse expédition française d'Herzog et Lachenal[148], par un versant plus accessible. A la descente, un des membres de l'expédition est écrasé par une chute de séracs. En 1982, l'Anglais McIntyre, roi des Grandes Jorasses, est tué par une chute de pierres en ouvrant un nouvel itinéraire sur cette fameuse Face Sud. En 1992, Pierre Béghin et Jean-Christophe Lafaille se frottent à leur tour à la gigantesque face ensoleillée de l'Annapurna. Béghin chute mortellement et Lafaille rentre tant bien que mal dans la vallée[149].

Avec tout ce passif, s'attaquer à la Face Sud de l'Annapurna est donc une entreprise particulièrement risquée. Quelques-uns des plus grands alpinistes de l'histoire y ont laissé la vie.

En septembre 2013, le suisse Ueli Steck, spécialiste des ascensions à vitesse record, est au Népal. Son objectif : l'Annapurna, dixième sommet du monde, par sa face la plus dure : la Face Sud. Ce n'est pas une première pour lui, il revient à la charge pour la troisième fois. En 2007, il

---

[147] Première de la Face Sud, *Voir Chapitre 27* 📖 *Chris Bonington à l'Annapurna.*
[148] La France à l'Annapurna, *Voir Chapitre 17* 📖 *Louis Lachenal à l'Annapurna.*
[149] *Voir Chapitre 36* 📖 *Pierre Béghin à l'Annapurna.*

avait fait demi-tour après que son chemin avait violemment croisé une pierre indélicate. En 2008, il abandonnait ses plans pour porter secours à une cordée en perdition sur cette même Face Sud. L'un des alpinistes, Iñaki Ochoa, probablement atteint d'un œdème pulmonaire, mourut alors dans les bras de Steck, à presque 7.400 mètres après cinq jours à demi-inconscient.

Avec son compagnon de cordée Don Bowie, il débute son acclimatation. Ensemble, ils arrivent à installer un camp de fortune à 6.100 mètres dans la paroi.

Le 8 octobre, la météo annonce enfin un temps plutôt clément. Ueli Steck s'engage dans l'ascension. Il est 5h30 du matin. Bowie renonce assez vite, pas assez à l'aise à l'idée de ne pas être encordé. Pourtant la logique de Steck est simple : si on s'encorde, on perd trop de temps. Pour établir un record, mieux vaut donc se mouvoir seul. Bowie regagne donc le camp où les photographes Dan et Jeannine Patitucci et les Népalais Tenji Sherpa et Ngima Dawa vont suivre avec lui les différentes phases de l'ascension du Suisse. Arrivé au camp intermédiaire, Ueli Steck récupère une tente et un réchaud. Pour économiser du poids, il laisse son sac de couchage. Et il repart aussitôt.

500 mètres plus haut, le vent commence à le ralentir. Dans ces conditions, il devient compliqué de continuer. Il cherche à installer sa tente pour s'abriter. L'idée est d'attendre que le vent faiblisse ou, au pire, de préparer la redescente. Mais impossible de trouver le bon emplacement, alors il continue de monter et trouve finalement un abri dans une petite crevasse. Alors qu'il commence à s'alimenter, la nuit tombe. Le vent disparait avec les rayons du soleil. Tout semble calme. Alors, il n'hésite pas bien longtemps, il continue son ascension ! Il n'est resté dans son abri qu'une petite heure !

Mais trouver le bon passage dans la nuit n'est pas chose aisée. Pour s'aider, Steck s'arrête pour regarder une photo de la paroi sur son appareil photo. C'est là, vers 7.000 mètres, qu'une petite coulée de neige dégringole le long de la paroi. Pour ne pas être balayé, le grimpeur suisse attrape précipitamment ses deux piolets. Il tient bon. Plus de peur que de mal mais il a lâché machinalement son sur-gant et son appareil photo. Il n'a plus que ses gants de grimpe, très légers. Risquant de se geler les doigts, il fait le pari que le vent ne reviendra pas tout de suite et continue sa montée.

Il avance, inlassablement, profitant de conditions qu'il jugera a posteriori comme « peut-être les meilleures en cent ans ! ». Malgré l'altitude, il ne faiblit pas et enchaine les mouvements, toujours concentré, jusqu'à ce que la paroi disparaisse. Il est au sommet, à 8.091 mètres. Il est presque 1h du matin. Dix-neuf heures seulement ont été nécessaires pour arriver au sommet. Cinq minutes plus tard, il s'engage dans la descente. La corde de 60 mètres qu'il avait transportée jusque là va enfin lui être utile. Pas question de se déconcentrer. Sur cette face, seul, le moindre faux pas est fatal. Neuf heures plus tard, il arrive au camp de base avancé, il est 9h30. Vingt-huit heures seulement après l'avoir quitté la veille.

Cette ascension est exceptionnelle à plus d'un titre. Non seulement Ueli Steck a réalisé une première en solitaire. Mais il a pulvérisé le chronomètre. Aucune autre ascension de l'Annapurna, y compris par d'autres voies plus faciles, n'a réussi à battre ces vingt-huit petites heures.

A son retour, certains observateurs mettront en doute la véracité de son exploit. Faute d'appareil photo au sommet, il n'aura pas d'autres preuves à fournir que sa propre parole. Certains iront jusqu'à comparer sa version des faits aux élucubrations de Cesare Maestri au sujet du Cerro Torre[150]. Mais la plupart des grands alpinistes, à commencer par les Français Grazziani et Benoist, présents à l'Annapurna quelques jours plus tard, seront vite convaincus. Elizabeth Hawley, historienne britannique basée à Katmandou, alors référence en matière de réalisations sur les sommets du Népal, sera du même avis.

Mais la controverse sera encore dans tous les esprits quand le public apprendra la chute mortelle d'Ueli Steck sur les pentes du Nuptse en avril 2017. En préparation pour une tentative de record sur une traversée des sommets de l'Everest et du Lhotse sans oxygène, celui que la communauté des grimpeurs appelait « la machine suisse » disparaitra comme toujours, en solitaire.

---

[150] *Voir Chapitre 24* 📖 *Toni Egger au Cerro Torre.*

49. Kilian Jornet à l'Aconcagua
toujours plus vite - 2014

> **On parle souvent de vitesse quand il s'agit de Kilian Jornet. Sur l'Aconcagua, comme sur d'autres sommets, son talent ne se limite pourtant pas à sa rapidité.**
> ⊙ Cordillère des Andes, Argentine.

La décennie 2010 a été marquée par l'apparition d'un OVNI. Un montagnard invincible qui fait de la vitesse sa marque de fabrique. Il faut dire que le Catalan Kilian Jornet est tombé dans la montagne quand il était petit. Une mère qui entrainait des skieurs, un père guide de haute montagne, il y avait fort à parier qu'il ne s'éloignerait pas beaucoup des sommets. Il n'a que 6 ans quand il gravit son premier 4.000, dans les Alpes suisses. Alors forcément, vingt ans plus tard, rien ne semble pouvoir l'arrêter.

Trailer, alpiniste, il se lance en 2012 dans le projet « Summits of my life » dans lequel il cible l'ascension de plusieurs sommets en un temps record. Des montagnes mythiques : le Mont Blanc, le Cervin, l'Everest... mais aussi l'Aconcagua et ses 6.962 mètres. Aucune (ou presque[151]) ne lui résiste pas même la plus haute de toutes. En 2014, au milieu de cette série, il est en Amérique du Sud pour gravir le point culminant du continent. C'est un sommet réputé facile. Déjà au temps des Incas, des hommes s'aventuraient sur ses pentes. Il faut dire que par la voie normale, il s'agit d'une randonnée plutôt que d'une course en

---

[151] Dans ce projet, seul l'Elbrouz en 2013 a été un échec. Il n'est pas arrivé au sommet à cause du mauvais temps.

montagne. Le piège vient de la très haute altitude car ne nous y trompons pas, il s'agit là d'un « presque 7.000 ».

Pourtant, Jornet ne passe que deux semaines à se préparer et s'acclimater sur les pentes de l'Aconcagua. Quelques nuits au-delà de 5.000 mètres et il se sent prêt ! Après une première tentative avortée à cause d'un vent trop violent, la seconde est la bonne, quatre jours plus tard.

Mardi 23 décembre, la course débute sur les chapeaux de roues, à 2.900 mètres d'altitude, au dernier lieu de vie de l'itinéraire : une cabane de gardes du parc provincial de l'Aconcagua, au niveau de la Laguna Horcones. Il est 6 heures du matin quand Jornet se lance. Un peu plus de 3 heures plus tard, il arrive au camp de base, aux environs de 4.250 mètres. Ce que les expéditions peuvent mettre trois ou quatre jours à réaliser, il le fait en seulement trois heures. Il peut donc s'offrir quelques minutes de pause avant d'attaquer la haute altitude.

Puis il repart jusqu'au camp suivant, Nido de Condores et ses 5.500 mètres. Deux heures suffisent. L'altitude commence à être un paramètre sérieux. La vitesse du Catalan diminue, il lui faut encore deux heures pour dépasser les 6.500 mètres. Il souffre de plus en plus. Une dernière heure pour parvenir au sommet, la plus dure de toutes. Chaque pas est une souffrance, il ne court plus, il marche… Au total 8h45 entre le point de départ et le sommet. Mais ce n'est pas la fin de sa tentative de record. Il doit revenir à son point de départ, il lui faut tout redescendre. La principale difficulté réside dans l'altitude et ses effets. Entre le camp de base et le sommet, il est en difficulté, diminué. Mais il continue, inlassablement, même si son équilibre lui fait parfois défaut. Chaque pas nécessite une grande concentration, la moindre erreur signifie, la chute, la blessure et à certains endroits bien pire !

Killian Jornet est de retour à l'entrée du parc en fin de journée, après 12h49 de course. Les chiffres donnent le vertige, près de 4.000 mètres de dénivelé positif, et une distance de près de 60 kilomètres parcourue. Le record est battu. Mais pas pour très longtemps, car le Suisso-Equatorien Karl Egloff va passer par là quelques semaines plus tard. Mi-février, il réalise le même parcours en 11h52, près d'une heure de moins que le Catalan. C'est ce même skyrunner qui avait battu le record de vitesse de Jornet au Kilimandjaro l'année précédente.

50 ascensions...

En 2017, Jornet sera sur l'Everest pour un nouveau record. Du camp de base avancé de la voie tibétaine au sommet, 17 heures seulement lui auront été nécessaires. Là où les expéditions traditionnelles mettent 4 jours. Il était seul, sans sherpa. Il n'utilisait ni bouteilles d'oxygène, ni cordes fixes.

Un OVNI.

50. Elisabeth Revol au Nanga Parbat
la der des ders - 2018

Un sauvetage d'ampleur s'organise au cœur du rude hiver du Nanga Parbat. Une cordée polonaise est en première ligne pour venir secourir une Française en perdition sur son sommet fétiche.
⊙ Massif du Nanga Parbat, Pakistan.

L'alpinisme hivernal est une drôle de pratique. Quand la scène se joue dans l'Himalaya, c'est encore autre chose. Ajouter aux difficultés techniques et à l'altitude : les conditions de la pire des saisons. Le froid, la neige, les vents. Il faut une préparation physique et une solidité mentale à toute épreuve pour s'aventurer sur les plus hauts sommets au cœur de l'hiver. Une professeur de sport d'un lycée de Crest, dans la campagne drômoise, en a pourtant fait sa spécialité. Quelques mois par an, elle a l'habitude de s'éloigner de ses élèves pour réaliser ses rêves de sommets. Elle s'appelle Elisabeth Revol.

Elle arrive sur les pentes du Nanga Parbat pour la première fois en début d'année 2013, aux côtés de l'Italien Daniele Nardi qui connaît bien cette montagne pour l'avoir gravie quelques années auparavant. Elisabeth a déjà grimpé au Pakistan[152] mais découvre le Nanga Parbat pour la première fois. Contrairement aux autres grands sommets du pays (K2, Broadpeak...) où un trek d'approche de plus d'une semaine est nécessaire, le Nanga Parbat est facilement accessible. Cette année là,

---

[152] Elle a gravi les Gasherbrum I, Gasherbrum II et Broadpeak (tous des sommets de plus de 8.000m) en seulement 3 semaines en 2008.

deux jours suffisent à l'expédition pour rallier le camp de base depuis le village de Chilas. C'est dans ce secteur que s'était retrouvé Reinhold Messner lors de sa dramatique descente du sommet en 1970, quelques heures après avoir perdu son jeune frère[153].

La neige tombée en quantité a finalement raison de l'expédition qui renonce à 6.000 mètres d'altitude par -48°C sans même que le vent ne se lève. Au même moment, une autre expédition tente le même sommet par une autre voie. Elle parvient à 7.400m. Dans ce groupe : le polonais Tomasz Mackiewicz. Les deux cordées allaient bientôt se réunir.

Durant l'hiver 2014-2015, Elisabeth est de retour au Nanga Parbat. Elle fait équipe avec le Polonais (qui entre temps avait refait une tentative !). Et la cordée fait des miracles, ils parviennent à 7.800 mètres, si proches du sommet. L'année suivante, ils sont encore là. Mais la montagne tient bon. A 7.600 mètres, ils sont contraints de faire machine arrière. Alors que l'expédition plie bagage et rentre en Europe, l'Italien Simone Moro, le Basque Alex Txikon et le Pakistanais Ali Sadpara profite d'une dernière fenêtre météo dans le terrible hiver du Karakoram pour se frayer un chemin jusqu'au sommet. Coup de théâtre, la première hivernale au Nanga Parbat est réussie. Il ne reste désormais plus que le K2 parmi les « 8.000 » à n'avoir jamais été gravis en hiver.

Mais Revol et Mackiewicz ne cherchent pas à réaliser des premières, ils veulent juste atteindre le sommet de cette satanée montagne, de leur montagne. Alors deux ans plus tard, ils se lancent dans une nouvelle tentative. Ils arrivent au camp de base à la toute fin de 2017. Après plusieurs semaines d'acclimatation, une fenêtre météo se dessine le 25 janvier 2018. Ils sortent alors de la crevasse dans laquelle ils étaient abrités à plus de 7.000 mètres et grimpent vers le sommet. La montée est longue et dure mais la météo est avec eux, ils arrivent au sommet aux alentours de 18h. Tomasz ne se sent pas très bien en montant si bien que le duo ne s'arrête même pas au sommet. Pas le temps de savourer cette victoire, espérée si longtemps. Il faut immédiatement redescendre.

---

[153] *Voir Chapitre 28* 📖 *Günther et Reinhold Messner au Nanga Parbat.*

L'état de santé du Polonais se dégrade. La couverture nuageuse de la journée l'avait bêtement dissuadé de porter son masque sur les yeux. Résultat, il n'y voit plus rien. Elisabeth l'aide à descendre et ils parviennent à s'abriter dans une petite crevasse vers 7.200 mètres d'altitude. Elle va bien mais lui est bien mal en point. Il se refroidit. Il présente tous les symptômes d'un œdème pulmonaire. Sans autre solution, elle lance un S.O.S. ! Aussitôt, les secours s'organisent. Mais ce n'est pas une mince affaire que d'organiser une mission de sauvetage en hiver dans le Karakoram. Certaines années, c'eut été même complètement impossible.

Par chance, une autre expédition hivernale est en cours à 180 kilomètres de là, sur le K2. Ses alpinistes sont non seulement très aguerris mais ils sont surtout acclimatés à la haute altitude. Ils sont la seule chance de survie pour les naufragés du Nanga Parbat. Trouver un hélicoptère, aller chercher les grimpeurs du K2, les ramener au Nanga… tout ce qui semble si simple prend ici des jours entiers. Si bien qu'un jour et demi s'est écoulé entre l'appel à l'aide d'Elisabeth et les premiers coups de piolet des sauveteurs sur la glace de la voie Kinshofer, près de 1.000 mètres sous la Française. L'hélicoptère n'a pas pu monter plus haut, il s'est résolu à déposer ses passagers à 4.800 mètres, à la tombée de la nuit. Entre temps, Elisabeth tente de descendre laissant Tomasz derrière elle et persuadée qu'un hélicoptère allait pouvoir venir le chercher.

Denis Urubko[154] et Adam Bieliecki sont les deux acrobates qui montent à sa rencontre. Il leur faut près de 9 heures, à la lumière de leur lampe frontale, pour rejoindre la Française et la prendre en charge. Franchir près de 1.200 mètres de dénivelé dans une paroi techniquement difficile, en pleine nuit, par des températures dramatiquement basses, sans s'y être réellement préparés : c'est un véritable tour de force. Au milieu de la nuit, Elisabeth Revol aperçoit la lueur de lampes qui montent vers elle. Ils ont réussi, ils ont pu la sauver.

---

[154] Le grimpeur kazakh a une longue expérience, pour son aventure au Gasherbrum II : *Voir Chapitre 46* 📖 *Denis Urubko au Gasherbrum II.*

Incapable de déposer les sauveteurs au-delà de 4.800 mètres, l'hélicoptère ne montera pas plus haut pour tenter de récupérer Mackiewicz. Il restera sur cette montagne qu'il avait tant rêvé de conquérir. De son côté, l'alpiniste française reviendra en France avec de sérieuses gelures mais comptera bien revenir grimper au Pakistan. Il lui faudra peut-être un peu de temps. En 2009, son compagnon de cordée disparaissait sur les pentes de l'Annapurna, la laissant redescendre seule. Il lui avait fallu près de quatre ans pour rechausser les crampons sur une expédition himalayenne.

50 ascensions...

BIBLIOGRAPHIE

Pour aller plus loin et découvrir plus avant les différentes ascensions évoquées dans cet ouvrage, rencontrer d'autres alpinistes talentueux, satisfaire votre désir d'en savoir plus sur ces femmes et ces hommes qui tutoient les plus hauts et plus délicats sommets, vous trouverez dans cette bibliographie des livres et des articles de presse. Certains sont difficiles à se procurer, d'autres n'existent qu'en Version Originale. Cette liste n'est pas exhaustive, de nombreux autres ouvrages existent, plus généralistes ou plus pointus, plus techniques ou plus grand public. Bonnes lectures !

ALLAIN Pierre, L'art de l'alpinisme, Editions Amiot-Dumond, 1956.
ANGEVILLE Henriette d', Carnet vert de Melle d'Angeville, Imp Salut Public, 1900.
ANKER Conrad & ROBERTS David, À la recherche des fantômes de l'Everest, Glénat, 2000.
AZEMA Marc-Antonin, La conquête du Fitz Roy, Flammarion, 1954.
BALLU Yves, Naufrage au mont Blanc, Glénat, 1997

BALLU Yves, Pierre Béghin, le Pionnier de l'extrême, Alpes Loisirs n°37, oct/nov/dec 2002.

BEGHIN Pierre, Passion d'Himalaya, Editions Glénat, 1988.

BONATTI Walter, A mes montagnes, Arthaud, 1962.

BONATTI Walter, Montagnes d'une vie, Arthaud Poche, 2013.

BONHEME Philippe, La face nord de René Desmaison, Paris, Ramsay, 2009.

BONINGTON Chis, Les horizons lointains, Souvenirs d'une vie d'alpiniste, Editions Nevicata, 2012.

BOUKREEV Anatoli & DEWALT G. Weston, The Climb: Tragic Ambitions on Everest, St. Martin's Press, 1997.

BRIDWELL Jim, Défonce verticale : confessions d'une légende de l'escalade, Nevicata, 2016.

BUFFET Charlie, Annapurna, premier 8000 et sommet de désinformation, Liberation.fr, 25 novembre 1996.

BUFFET Charlie, Claude Kogan, femme d'audace et de passion, Robert Laffont, 2003.

BUFFET Charlie, La Folie du K2, Editions Guérin, 2005.

BUFFET Charlie, Partie sans laisser d'adresse, Libération, 18 mai 1998.

BUHL Hermann, Du Tyrol au Nanga Parbat, Hoëbeke, 1995.

BUHL Hermann, Hermann Buhl, Glénat, 2005.

CANAC Roger, Gaspard de la Meije, PUG, 2007.

CASSIN Riccardo, Chef de cordée, Editions Guérin, 2011.

CARRIER Michel, Notice bibliographique sur Jacques Balmat, dit Mont Blanc, Gruaz, 1854.

CHAMOUX Benoît, Le Vertige de l'infini, Marc Maisonneuve, Albin Michel, 1988.

CHAMOUX Benoît, Petit prince de l'Himalaya, Solar, 1998.

CHAMSON Max, Whymper le fou du Cervin, Hoëbeke, 2000.

CONEFREY Mick, Everest 1953, Editions Nevicata, 2013.

CONWAY Sir Martin, Climbing and Exploration in the Karakoram Himalayas, T. Fisher, 1894.

CORDIER Patrick, Cathédrales de Trango, Arthaud, 2008.

COSNIER Colette, Henriette d'Angeville, Editions Guérin, 2017.

CURRAN Jim, Fascination du K2, Albin Michel, 1989.

DESMAISON René, 342 heures dans les Grandes Jorasses, Hoëbeke, 2002.

DESMAISON René, Les forces de la montagne : mémoires, Hoëbeke, 2005.

DESTIVELLE Catherine, Ascensions, Arthaud, 2014.

DUYCK Alexandre, Chantal Mauduit, Elle grimpait sur les nuages, Editions Guérin Paulsen, 2016.

FERLET René, POULET Guy, Victoire sur l'Aconcagua, Flammarion, 1955.

GARDIEN Claude, Le Géant ignoré, Vertical n°29, décembre 2002.

HABELER Peter, Lonely Victory, Simon & Schuster, 1979.

HARLIN John, Eiger Obsession, Editions Guérin, 2009.

HECKMAIR Andreas, Les trois derniers problèmes des Alpes, Arthaud, 1996.

HERZOG Maurice, Annapurna, premier huit mille, Arthaud, 1951.

HILLARY Edmund, Au sommet de l'Everest, Hoëbeke, 2003.

HOWKINS Heidi, K2, one woman's quest for the summit, First Edition, 2001.

HUNT John, Victoire sur l'Everest, Arthaud, 2014.

JOLLY Patricia, Ueli Steck, Piolet d'or et de discorde, lemonde.fr, 27 mars 2014

JOLLY Patricia et JORNET Kilian, la frontière invisible, Arthaud, 2017.

KALTENBRUNNER Gerlinde, Mountains In My Heart: A Passion for Climbing, Mountaineers Books, 2014.

KORDES Kelly, Cerro Torre, la plus belle montagne du monde, Editions du Mont Blanc, 2017.

KRAKAUER Jon, Into thin air, Doubleday, 1997.

KUKUCZKA Jerzy, De la mine aux sommets, Denoël, 1990.

LACHENAL Louis, Carnets du Vertige, Pierre Horay, 1956.

LAFAILLE Jean-Christophe et HEIMERMANN Benoît, Prisonnier de l'Annapurna, Editions Guérin, 2003.

LAMBERT Raymond & KOGAN Claude, Record à l'Himalaya, Ed. France-Empire ; 1955.

LIVANOS Georges, Cassin il était une fois le 6ème degré, Arthaud, 1983.

MAZEAUD Pierre, Montagne pour un homme nu, Arthaud, 2013.

MCDONALD Bernadette, Libres comme l'air, Nevicata, 2014.

MESSNER Reinhold, La Montagne nue, Editions Guérin, 2006.

MESSNER Reinhold, Ma voie, Arthaud, 2013.

MESSNER Reinhold, Nanga Parbat en solitaire, Arthaud, 1979

MICHAUD Stephen G., Left For Dead, Beck Weathers, Villard, 2000.

MODICA Gilles, Everest, Les conquérants, Editions Guérin, 2013.

MOLGA Paul, Tragédies au K2, Arthaud, 2004

MORO Simone, The call of the ice: climbing 8.000 meter peaks in winter, Mountaineers Books, 2014.

MUMMERY Albert F., Climbs in the Alps and the Caucasus, C. Scribner and co., 1895.

NORGAY Tensing, Tiger of the snows, Penguins, 1955.

NORTON, Edward F., The fight for Everest 1924, Vertebrate Publishing, 2015.

OSTIAN Pierre, Pierre Béghin, une autre vue, Le Monde, 21 octobre 1992.

PARAGOT Robert & BERARDINI Lucien, Vingt ans de cordée, Arthaud, 1998.

PERES Marcel, La cordée royale, Editions Guérin, 2011.

READ William, MORRISSEY James & REICHARDT Louis, American Dhaulagiri Expedition 1969, American Alpine Club, 1970.

ROBERTS David, Annapurna, une affaire de cordée, Editions Guérin, 2000.

ROBERTSON David, George Mallory, Faber & Faber, 1969.

ROCCA Agostino, Cahiers de Patagonie, Techint, 1989.

SAUSSURE Horace Bénédict de, Voyage dans les Alpes, Editions Cherbuliez, 1834.

SCHEIBLI Isabelle, Le roman de Gaspard de la Meije, Glénat, 2005.

SCOTT Doug, A crawl down the Ogre, The Himalayan Journal n°35, 1979.

SCOTT Doug, Himalayan Climber: A Lifetime's Quest to the World's Greater Ranges, Sierra Club Books, 1997.

SENEBIER Jean, Mémoire historique sur la vie et les écrits d'Horace Bénédict de Saussure, Ed. J.J. Paschoud, 1801.

SIMPSON Joe, La mort suspendue, Glénat, 2004.

SMYTHE Frank S, Whymper, vainqueur du Cervin, Novos, 1944.

SPREAFICO Giorgio, Enigma Cerro Torre, Priuli & Verlucca, 2017.

STECK Ueli, 8000+, Editions Guérin, 2015.

STECK Ueli, Speed, Piper Verlag, 2010.

STEFANELLO Vinicio, Ueli Steck and Annapurna: the interview after his South Face solo, PlanetMountain, 14 octobre 2013.

TAILLAND Michel, Edward Whymper, Editions du Fournel, 2015.

TENDERINI Mirella, K2 une grande montagne pour de petits hommes, Glénat, 2014.

TERRAY Lionel, Les conquérants de l'inutile, Gallimard, 1962.

THIRIEZ Frédéric, Dictionnaire amoureux de la Montagne, Plon, 2016.

WHYMPER Edward, Escalade dans les Alpes de 1860 à 1869, Hachette, 1873.

YATES Simon, Le dénouement, Editions Guérin, 1999.

GLOSSAIRE

Pour les non-initiés, certains termes jargonneux utilisés dans ces pages peuvent nécessiter une explication. Voici un glossaire qui tente d'éclaircir certaines terminologies.

Arête. Ligne séparant deux pans d'une montagne. Lorsque l'alpiniste se tient sur une arête, il a le vide sous ses pieds.

Camp de base. Camp principal de toute expédition, port d'attache éphémère situé au pied de la montagne à escalader.

Coolie. Terme désignant les porteurs. Plus largement, il était utilisé dans les colonies britanniques pour désigner la main d'œuvre employée sur des travaux pénibles (comme le portage de charges).

Corde fixe. Corde fixée à la paroi à grimper pour sécuriser à demeure certains passages. Les alpinistes peuvent alors l'utiliser pour faciliter leur ascension. Système impensable en *style alpin*, on le retrouve en revanche dans les expéditions commerciales sur les plus hauts sommets du monde.

Cotations. Différentes échelles de notes qui permettent d'évaluer la difficulté d'une voie. Un parcours d'alpinisme peut être TD pour Très Difficile, une voie d'escalade peut être cotée 5,6,7... et assortie d'une lettre voire d'un signe pour nuancer les niveaux. Une voie 5c+ et plus facile qu'une 6a !

Course. Sortie en montagne avec un objectif précis (sommet, traversée...). La course est réputée terminée au retour dans la vallée. Le terme n'est pas utilisé sur les ascensions très longues ou le vocable expédition est souvent préféré.

Crevasse. Déchirure à la surface d'un glacier, parfois recouverte de neige (on parle d'un pont de neige). Ce trou peut se révéler être un piège fatal pour l'alpiniste, sa profondeur pouvant atteindre plusieurs centaines de mètres.

Cristaux. Variétés de quartz ou autres minéraux, naturellement présents en montagne dans les zones les plus instables, les plus érodées. Ils peuvent être utilisés en joaillerie mais font surtout le plaisir des collectionneurs. Leur collecte est aujourd'hui règlementée. Les premiers guides de montagne étaient bien souvent chasseurs de cristaux.

Dévisser. Chuter sans protection dans le vide, d'un sentier, d'une paroi, d'une corniche.

Dièdre. Lorsque deux parois se rejoignent en un angle supérieur à 90°. Une fissure située sur la ligne de contact entre les deux parois peut en faciliter l'escalade.

Eperon. Partie saillante d'un contrefort, d'une montagne.

Escalade artificielle. Style permettant la progression grâce à l'équipement placé sur la paroi. A l'inverse, l'escalade libre n'utilise ces dispositifs que pour la sécurité.

Exposé, Engagé. Un itinéraire est engagé quand tout repli ou toute aide extérieure est complexe voire impossible. Un passage exposé est un passage dangereux, il peut être exposé aux avalanches, aux chutes de pierre… L'alpiniste doit accepter cet engagement et ce degré d'exposition.

Face. Paroi d'une montagne, qui peut être précisée par une indication cardinale. Les faces nord, plus souvent à l'ombre que les autres, sont réputées les plus difficiles.

Fissures. Anfractuosités de la paroi qui peuvent servir de prises au grimpeur.

Hypoxie. Baisse de l'apport en oxygène aux organes. Peut occasionner des troubles graves.

Jet-streams. Vents violents qui soufflent à très haute altitude. Quand ces courants sont actifs au-dessus de l'Himalaya, l'atteinte des sommets est rendue impossible. Les grimpeurs seraient emportés. Ils peuvent dépasser les 200 km/h.

Karakoram. Région montagneuse de l'extrême Ouest de l'Himalaya située à la frontière entre Chine, Inde et Pakistan. Le climat entre le Karakoram et les montagnes du Népal est sensiblement différent.

Mal Aigu des Montagnes. Ensembles de troubles et de pathologies liés aux effets de la haute altitude et de l'hypoxie sur l'organisme. Les principaux symptômes sont des maux de tête, des nausées. Dans certains cas, le « MAM » peut entrainer des œdèmes mortels.

Moraine. Débris rocheux transportés par un glacier. Lorsque ce dernier se retire, ils sont un itinéraire praticable pour l'alpiniste.

Œdèmes de Haute Altitude. Complications ultimes du Mal Aigu des Montagnes, les œdèmes de haute altitude peuvent être pulmonaires ou cérébraux. Seule issue pour s'en sortir vivant : perdre très rapidement de l'altitude.

Ophtalmie des neiges. Inflammation des yeux liée à la forte réverbération de la neige, à une certaine altitude. La cécité provoquée par cette inflammation est réversible mais peut rendre difficile voire impossible la poursuite d'une ascension.

PGHM. Peloton de Gendarmerie de Haute Montagne, l'une des unités d'élite du secours en montagne français.

Piton. Lame métallique équipée d'une tête trouée, permettant le passage d'un mousqueton et donc l'arrimage d'une corde. C'est un dispositif essentiel pour assurer la sécurité du grimpeur. Ces outils ont progressivement été remplacés par des systèmes qui peuvent être insérés et retirés plus facilement (coinceurs, friends...).

Puja. Rituel d'offrandes et de bénédiction incontournable avant toute ascension en territoire bouddhiste. Au Tibet, comme au Népal, c'est le passage obligé de toute expédition, pour que la montagne les accepte.

Rappel. Technique qui permet de descendre un passage difficile ou long à désescalader en se laissant glisser le long d'une corde (dite corde de rappel.).

Ressaut. Pente qui s'accentue soudainement. Saillie de la paroi.

Rimaye. Crevasse d'un genre particulier. Elle se situe à la limite entre le glacier et la paroi. Comme toute crevasse, elle peut être ouverte, masquée ou comblée par de la neige.

Sérac. Morceau de glacier, généralement créé par des ruptures de pentes. Les lents mais puissants mouvements du glacier provoquent la chute de ces séracs. Facilement identifiable, ils sont un danger important pour les grimpeurs.

Style alpin. Privilégié par les alpinistes de haut-niveau, ce style de grimpe se caractérise par la légèreté de la cordée. Pas de camps d'altitude, pas de cordes fixes, pas de porteur et pas d'oxygène supplémentaire. A la manière de se qui se fait dans les Alpes. Historiquement, il s'oppose au style himalayen, répandu sur les sommets où les courses se transforment en expéditions.

Voie, Voie normale. La voie est l'itinéraire à suivre par l'alpiniste sur la montagne. Pour atteindre un même sommet, il y a généralement plusieurs voies différentes. La plus aisée, qui est souvent la plus fréquentée, est appelée « voie normale ».

Edition : Books on Demand,
12/14 rond-Point des Champs-Elysées, 75008 Paris
Impression : BoD - Books on Demand, Norderstedt, Allemagne
ISBN : 9782322162604
Dépôt légal : Septembre 2018